「世逃げ」のすすめ

ひろさちや
Hiro Sachiya

a pilot of wisdom

目次

I 「世逃げ」のすすめ —— 9
1 世間は人間を商品価値で測っている
2 世間は「狂った物差し」で運営されている
3 「世逃げ」をした行く先は……?
4 世間を気にすると世間の奴隷になる
5 勝ち組が負け組、負け組が勝ち組
6 大火事が起きているわたしたちの日本
7 暑さになりきれば暑さは苦でない
II 「デタラメ」哲学 —— 59
8 選んではいけないものを選んだ不幸
9 わが子の所有権はわたしにはない

10　ゴム紐の物差しから仏の物差しへ
11　仏から預かったものは仏の物差しで
12　人間にとって最善のものは「死」
13　神意はサイコロによって示される
14　仏に選んでいただくやり方

Ⅲ　「あきらめ」思考——109

15　家庭を「世逃げ」の避難所にしよう
16　正解は一つではありません
17　三角関係における一辺は「無関係」
18　酸っぱい葡萄なら不必要
19　欲望を充足させるとますます肥大化する

20　死に神は一日の執行猶予もくれない

Ⅳ　「いい加減」実践　157

21　ゆっくり歩けば見つかるすばらしいもの
22　重荷を持たず、急がずに歩こう
23　仕事に全力投球をしてはいけない
24　まちがいをしでかすのが人間である
25　日本の神様はまちがいをなさる
26　道徳を説くお坊さんは宗教者失格
27　リストラになって「ありがたい」

あとがき　201

イラスト／藤原ヒロコ

Ⅰ　「世逃げ」のすすめ

1　世間は人間を商品価値で測っている

貞女がいました。

どこに？　古代のインドです。これは『ジャータカ』と呼ばれる仏典に出てくる話です。ともあれ、古代のインドに、操《みさお》の堅い女性がいました。彼女は王妃です。夫の国王が死んだあと、孤閨《こけい》を守って生きていました。寝室の前にガードマンを配して、男の侵入を許さない。彼女はそのような貞女です。

けれどもインドラ神は神様ですから、どこからでも部屋に侵入できます。インドラ神は日本では帝釈天《たいしやくてん》と呼ばれています。そのインドラ神がある夜、貞女の前に出現しました。両手で黄金の壺を抱えています。その黄金の壺には金貨が山盛りになっています。

「お妃よ、わたしと一晩の浮気を楽しみませんか。応じてくだされば、この金貨山盛りの壺をプレゼントします」

インドラ神は貞女を誘惑します。

もちろん、貞女はそんな誘惑を撥《は》ね除《の》けました。

インドラ神は消え去りました。

しかし翌日の夜、再びインドラ神がやって来ます。

その夜の贈り物は、純銀の壺に山盛りの銀貨です。

「お妃よ、たった一晩の浮気を楽しみませんか……」

贈り物を見せながら、誘惑しました。

もちろん、貞女は断わります。

インドラ神は退出します。

だが、その次の夜もインドラ神は誘惑に来ました。その夜のプレゼントは銅の壺に山盛りの銅貨です。

その夜も貞女は誘惑に応じません。

だが、貞女はインドラ神に質問しました。

「普通、殿方は、断われれば断わるほど、贈り物をますます豪華にします。でも、インドラ神よ、あなたは最初の夜は金貨、昨夜は銀貨、そして今夜は銅貨といったふうに、贈り物がだんだんに値下りしていますす。どうしてですか？」

それに答えて、インドラ神が言いました。

「お妃よ、あなたの若さと美貌は日々衰えています。一昨夜よりは昨夜、昨夜よりは今夜、あなたの値打ちは低下したのです」

そう言われればその通りで、女性は焦りますよね。そこで貞女はあわててインドラ神の誘惑に応じた……となれば、それは現代日本の多くの女性と同じです。にもかかわらず貞女は操を守った。それでこそ仏教の話になるのです。『ジャータカ』の結末はそのようになっています。

＊

《花の色は　うつりにけりな　いたづらに　我《わ》が身世《みよ》にふる　ながめせしまに》

ご存じ、『古今集』にある小野小町の歌です。平安前期のこの女流歌人は伝説的な美女とされています。その美女が、花の美しい色もすぐに褪《あ》せてしまうものだ、ちょっと長雨《ながめ》に降り込められているうちに、と嘆いているのです。ここでは〝降る〟と〝経る〟、〝長雨〟と〝眺め〟が掛け言葉になっています。したがって、「花」の色に関するイメージが、そのまま「我が身」の容色の衰えとダブル・イメージになっているわけです。

『古今集』からもう一首。こちらのほうは紀友則《きのとものり》（生没年不詳）の歌です。

《桜の花のもとにて、年の老いぬることをなげきてよめる　紀友則

色も香も　おなじ昔に　咲くらめど　年ふる人ぞ　あらたまりける》

『新潮日本古典集成・古今和歌集』の解説を引用させていただきます。

《桜の花は、色も香りも変らぬ昔のままに咲いているようだが、老いたこの身は、すっかり昔と変ってしまった》

老いの衰えを嘆くのは女性ばかりではありません。男性だって嘆くのです。

《花のいのちはみじかくて

苦しきことのみ多かりき》

こちらのほうは、林芙美子《ふみこ》（一九〇三―五一）の言葉です。

＊

女性の容色は日々衰えていきます。悲しいですね。

では、男性は……？　男性だって日々老い衰えていくのです。いつまでも若さを保つことは不可能です。

男性であれ女性であれ、あなたの価値は日々下落しています。一昨年よりは昨年、昨年よりは今年、わたしなども体力と気力の衰えを自覚しています。

ですが、よく考えてください、ここで言われている価値は、いわば、

――商品価値――

ではありませんか。インドラ神が、「お妃よ、あなたの若さと美貌は日々衰えています」と言い、それを金から銀、そして銅への価値の下落と評価しました。そこでは若さと美貌が商品として扱われているのです。

女性のうちには、セックスを商品にしている人がいます。いわゆる売春婦がそうですが、本物の売春婦でなくても、援助交際といった呼称でもってセックスを売っているアマチュ

ア売春嬢もいます。

また、労働の対価として報酬を受け取るのが労働者です。労働者は労働力を商品にしています。

もっとも、昔は労働力という商品を売っているのはおおむね男性でしたが、男女共同参画型社会においては、女性までもが労働力という商品にされてしまいます。わたしなどは、なにもわざわざ商品になる必要はないのに、〈お気の毒だなあ……〉と思うのですが、当の女性のほうでは商品になったことを喜んでいるようです。どうにも解しかねますが、ここで変なコメントはしないでおきます。嚙《か》み付かれても困りますから……。

まあ、それはそうとして、現代日本社会においては、人間はすべて商品価値で測られるようになりました。だから親はわが子の教育を、その子の商品価値を高めることだと思ってしまいます。一流大学を卒業すれば一流企業に就職でき、高給が取れる。それだけ商品価値が高まるのだから、ぜひとも一流大学に入れるように子どもの尻を叩く。それが教育の目的になっています。「いま怠けていると、いずれあなたはお父さんみたいになってしまいますよ」と母親が息子を叱咤《しった》激励しますが、彼女にとってわが亭主の商品価値が低いのが不満なんです。

世間というものは、そういうものです。

つまり、世間というものは、人間を商品と見なし、商品価値でもって人間を測る。そういう仕組みになっているのです。それに文句を言っても仕方がありません。それが世間のきまりなんです。

でも、忘れないでください。世間は商品価値でもって人間を測りますが、その商品価値だけが人間の価値ではありません。

もっと別な価値があります。

それは「不変の価値」です。たとえ女性の容色が衰えようと、よぼよぼの老婆になろうと、絶対に変わらない価値があるのです。なければなりません。一流大学出のエリートと、結局は落ちこぼれてホームレスになった人と、そこに優劣をつけない不変の価値があります。人間の性別・国籍・職業・年齢を超えた不変の価値があるのです。

それがどのようなものであり、それにどのような名前をつければいいのか、ちょっと困るんです。ある意味では、「無価値という価値」なんです。そのことは、追い追いお分かりになるでしょう。

ともかくわれわれは、世間においては人間を商品価値で測っているのだということを、最初にしっかりと確認しておきましょう。

2　世間は「狂った物差し」で運営されている

舌切り雀の話はご存じですよね。

お爺さんがかわいがっていた雀が、お爺さんの留守中、お婆さんが作った洗濯糊を食べて、腹を立てたお婆さんが雀の舌を切ってしまいます。だとすると、あれは「舌切られ雀」です。なのに、なぜ「舌切り雀」と言うのでしょう。日本語って、おかしな言葉ですね。

家に戻ったお爺さんは、雀のお宿を訪ねて行きます。雀はお爺さんにご馳走し、帰りに大きなつづらと小さなつづらをお土産に出します。お爺さんは小さなつづらを貰って帰ります。小さなつづらには宝物が入っていました。

そこでこんどは、お婆さんが雀のお宿を訪ねます。お婆さんもご馳走をいただき、帰りに大きなつづらと小さなつづらを出されました。もちろんお婆さんは大きいほうを持ち帰ります。すると大きなつづらには化け物が入っていました。

そういうストーリーです。

そこで質問。もしもお婆さんが小さなつづらを貰って帰れば、中に何が入っていましたか？

こう問えば、たいていの人は「化け物」と答えます。

で、そう答えた人に、わたしは別の質問をします。「では、お爺さんがかりに大きなつづらを貰って帰れば、中に何が入っていましたか？」

「やはり宝物」と、人々はそう答えます。

つまり、お爺さんのときはどちらにも宝物が入っており、お婆さんのときはどちらも化け物だったというわけです。

でも、それじゃあおかしいですよね。あの話は、お爺さんが馬鹿だった、という話になります。なぜなら、お婆さんはどちらを選んでもどうせ化け物しか貰えないのだから、お婆さんには問題がありません。でも、お爺さんが大きいほうを貰って帰れば、もっといっぱい宝物を貰えたのに、小さいほうを選んだお爺さんは損をした。阿呆やんか……となりますよね。

わたしがこう指摘すると、人々は答えを変更します。わたしの妻がそうでした。改められた答えは、大きなつづらにはお化け、小さなつづらには宝物、というものです。お爺さんは小さいほうを選んだから宝物、お婆さんは大きいほうを選んだから化け物、といった結果になります。その答えを聞いて、わたしは妻に言いました。

「それじゃあ、お爺さんに化け物をあげる可能性があるじゃないか。かわいがってくれたお爺さんに化け物をあげて、それでいいと思うのか?!」

「でも、雀は人間の心を読めたのよ。お爺さんは小さいほうを選ぶ、お婆さんは大きいほうを選ぶとあらかじめ分かっていたから、そうしたのよ」

危うく妻にやり込められるところでしたが、わたしは反撃しました。

「そんなに人間の心が読める雀であれば、なんで洗濯糊を食べたのか?! そんなことをすれば、お婆さんに舌をちょん切られると分かるだろうに……」

わたしにやり込められて、妻が訊《き》きます。

「じゃあ、正解は何なの……？」

わたしの正解はこうです。

お爺さんのときも、お婆さんのときも、大きなつづらにも小さなつづらにも、みんな宝物が入っていたのです。化け物なんてどこにもありません。

〈だが、お婆さんは化け物を貰ったことになっているじゃないか?!　それをどう説明するのだ?!〉

そう思われる読者も多いでしょう。ですが、それは違うのです。お婆さんは宝物を貰ったのです。宝物を貰ったくせに、お婆さんは欲張りだから、

〈なんだ、雀はこんな物しかくれないのか?!　これじゃあ化け物同然だ〉

と不満に思ったから、貰った宝物が化け物になったのです。

一方、お爺さんは感謝の心で受け取ったから、貰った物がすばらしい宝物になったのです。

感謝の心があれば、すべてが宝物になります。欲深い不満の心だと、何を貰っても化け物になるのです。「舌切り雀」の話は、そのような見方を教えているのです。仏教的には

そのように解釈ができます。

＊

普段は算数のテストで30点ぐらいしか取れない子が、あるとき70点を取りました。お母さんは喜んで、「じゃあ、あなたの好きなカレーライスを作ってあげるね」と、台所に入ります。ですが、途中でわが子に質問します。

「それはそうと、きょうのテスト、平均点は何点だった？」

「お母さん、きょうはみんな点数が良かったのよ。平均点は84点だった」

それを聞いたとたんに、お母さんはカレーライスを作りたくなくなります。

おかしいですよね。

子どもの取った70点という点数は宝物です。それを、お母さんの〈平均点以上を取ってほしい〉と思う欲望が化け物に変えてしまうのです。

ですから、かりに100点を取ってもだめなんです。「100点で良かったわね。それで、きょうは100点が何人いたの？」とお母さんは質問します。そして100点が六人だったと聞けば、

「あら、あなたのほかに100点が五人もいたの……。それじゃあ、この100点は値打ちはないわね」となってしまうのです。100点が宝物でなくなり、化け物になってしまう。

じつは、これが世間の価値判断の基準です。世間はおかしな物差しで価値を測ります。あるいは歪《ゆが》んだ物差し、狂った物差しと言うべきでしょうか。

でも、それを非難したって、意味はありません。世間はその物差しで運営されているのですから。世間に、そんな歪んだ物差し、狂った物差しを捨てよ！　と命じても、世間はそれを捨てられない。捨ててしまえば、世間はいっさいの価値判断ができなくなります。

たとえば、新入社員と古参社員の給料を同じにする。あるいは、社長の給料よりも新入社員の給料を高くします。それをやれば、会社は潰れてしまいます。だから、世間は世間のその物差しを捨てられません。

だとすれば、わたしたちが世間から逃げ出すよりほかありません。

逃げてどこへ行くのか……？　それは、あとから考えましょう。

まずは、なにはともあれ、われわれがすたこらさっさと世間から逃げ出しましょう。

つまり、「世逃げ」のすすめです。

3　「世逃げ」をした行く先は……？

《山路《やまみち》を登りながら、から考へた。
智《ち》に働けば角《かど》が立つ。情《じやう》に棹《さを》させば流される。意地を通《とほ》せば窮屈《きゆうくつ》だ。兎角《とかく》に人の世は住みにくい》

夏目漱石（一八六七―一九一六）は『草枕』をこのような書き出しで始めています。名文ですね。

念のため言っておきますが、〝棹さす〟といった言葉は、棹を水底につきさして舟を進めることです。したがって、流れに乗ることであって、時流にさからうことではありません。情に棹さすというのは、人情に流されることです。

さて、漱石は、《兎角に人の世は住みにくい》と嘆じました。そして言います。

《住みにくさが高《かう》じると、安い所へ引き越したくなる》

この世は住みにくい。住みにくいから、住みやすい所へ引っ越したくなります。つまり「世逃げ」をしたくなる。でも、……。

《人の世を作ったものは神でもなければ鬼でもない。矢張《やは》り向《むか》ふ三軒両隣《さんげんりやうどな》りにちら〳〵する唯《ただ》の人である。唯の人が作った人の世が住みにくいからとて、越す国はあるまい。あれば人でなしの国へ行《ゆ》く許《ばか》りだ。人でなしの国は人の世よりも猶《なほ》住みにくからう》

あれれ、ちょっと困りました。漱石は「世逃げ」をしたいけれども、すたこらさっさと逃げ出したところで、どこに行けばよいのか、行き先はないと言っているのです。

まあ、そう言われるとその通り。わたしなんか、若いころ（といっても五十代のころですが）はこんな日本がいやになって、インドに移住しようかと考えたこともありましたが、六十代も後半になると、そんな言葉が通じない外国に住むなんて億劫《おつくう》になってしまいました。

漱石の言う通りです。どこに逃げたところで、理想の世界なんてありはしないのです。では、無人島に逃げますか？　無人島のほうが、もっと住みにくいですよね。

しかし。

わたしの言う「世逃げ」のすすめは、どこかある場所・土地・国に逃げるのではありません。亡命ではないのです。

わたしたちはこの日本に住んだまま、日本からすたこらさっさと逃げ出すのです。

換言すれば、精神的に逃げるのです。

で、精神的に逃げ出す、その方法を考えてみようというのが本書の目的です。

＊

こんなふうに考えてみてください。

あなたは会社員です。どんな役職に就いているのか知りませんが、いちおうはある会社に属しています。

そして、九十四パーセントの人間が、〈こんな会社にいるのはいやだなあ……〉と思っています。九十四パーセントという数字は、わたしのたんなる想像です。ちゃんとした調査にもとづく数字ではありません。しかし、ほとんどの人間が、自分の勤めている会社を嫌っています。できれば罷《や》めたいと思っています。でも、罷めたくても罷められないのが大方です。罷めると食っていけなくなる。飢え死にするからです。しかし、本当に飢え死にするでしょうか。そういう人は少ないでしょう。まあ、そのことはいまは不問に付します。罷めると生活に困る。だから罷められない。いちおうそうしておきます。

だとすると、罷めないで我慢するよりほかありません。

でも、逃げ出したい気持はありますよね。

そこで精神的に逃げ出すのです。それが「世逃げ」のすすめです。

具体的には、あなたが会社人間である、その比重を変えるのです。

きっとあなたは骨の髄まで会社人間です。日本人の六十七パーセントまでは会社人間です。この数字も、わたしの当て推量です。要するに、日本人の三分の二が骨の髄までの会社人間。子どもが寝ているうちに会社に行き、帰って来ればすでに子どもが寝ている。子どもの寝顔しか見たことのない生活をしています。そして、家庭は母子家庭さながら。いえ、最近は女性も外で働き、子どもはゲーム・センターやクラブにいるから、家庭は空き巣です。そして、あなたが停年退職すれば、退職金を慰謝料にして妻から離婚を宣告されます。そういう会社人間を、巷間《こうかん》では〝社奴〟あるいは〝社畜〟と呼びます。会社の奴隷が社奴です。家に飼われている動物は家畜で、会社に飼われている動物は社畜なんです。

そのあなたが、社奴・社畜をやめて人間になる。それが「世逃げ」です。会社は首にならない程度に働いておいて、あまりそこに関与しないこと。会社の中での毀誉褒貶《きよほうへん》を馬耳東風と聞き流すことができるようになれば、あなたの「世逃げ」は成功したのです。その「世逃げ」を成功させるための秘策を、ひとつ一緒に考えてみませんか。そう思って、わたしは本書を書き始めました。

4　世間を気にすると世間の奴隷になる

でもね、世間はそう簡単に「世逃げ」をさせてくれませんよ。

世間はわれわれを奴隷にしているのです。そして、いつまでも奴隷にしておきたい。ところで、「世逃げ」というのは世間からすたこらさっさと逃げ出すことです。もちろん、精神的に逃げ出す。しかし、それはほかならぬ奴隷の逃亡であって、そんなこと世間が許すわけがありません。だから、そう簡単に「世逃げ」ができるわけがない。

もっとも、それはそうなんですが、ここのところはちょっと考え方を変えるだけで、あんがい簡単に「世逃げ」が可能です。

というのは、世間には実体がない。実体がないのに、われわれがそれを気にするから、世間はでんとした存在になり、われわれはそれに縛られるのです。

その意味では、世間は幽霊のようなものです。

読者は、お化けと幽霊の区別をご存じですか？

お化けというのは、出る場所が決まっています。古井戸の側《そば》だとか、墓場や川端柳の下とか、そこに行けば誰にでも見えるのがお化け。誰にでも見えるといっても、胆力の据わっている人には見えませんが、びくびくした人には誰にでも見えるのがお化けです。

しかし、幽霊は特定の人に現われます。だから、Aさんに用事のある幽霊は、Aさんが広島に行けば広島にやって来るし、長崎に行けば長崎に現われます。東京に戻れば幽霊も東京に戻って来ます。そして、Aさん以外の人にはその幽霊は見えません。

あたりまえですね。Aさんにいじめられて、Aさんを怨んで死んだ幽霊は、Aさんに「うらめしや」を言いたいのであって、Bさんには用がありません。だから、Aさんの行く所について行くのです。

つまり、幽霊もお化けも、人間のびくびくした心がつくり出すものです。お化けのほうは、なんとなく怖い場所があって、そこに行けばたいていの人の心がびくびくするもので、お化け物が見えてしまうのです。世の中には霊が見えると言っている人がいますが、見える人には見えるのです。わたしは幽霊やお化けに関心がありませんから、わたしにはいっさいそんなものは見えません。まあ、読者も、あまり関心を持たないほうがよいでしょう。「霊なんてあるものか?!」と否定しようとするのも一種の関心ですから、あまり向きにならないほうがよいですよ。霊なんてものは、見える人には見える、見えない人には見えない。そう思っているとよいでしょう。

ちょっと脱線しましたが、世間なんてものは幽霊と同じで、気にする人には世間はあるし、気にしない者には世間なんて実体はないのです。世間を気にすると、われわれは世間に束縛され、奴隷にされてしまいます。

たしか「イソップ物語」にありましたね。

ある親子が驢馬《ろば》を売るために市場に出掛けます。親はわが子を驢馬に乗せ、自分は手綱を引きます。

すると、道で出会った人が、

「まあ、自分は楽をして、年取った親を歩かせるなんて、なんていう親不孝な子だ！」

と言いました。それであわてて親が驢馬に乗り、子どもが手綱を引きます。すると別の

人間が、

「子どもがかわいそうだ」

と言いました。そこで、こんどは親子がともに驢馬に乗ります。そうすると、次にすれ違った人が、

「あんなふうに驢馬を疲れさせると、市場では高い値段で売れないよ……」

と言うのです。どうしようもなくなった親子は、最後に驢馬を棒にくくって、その棒を二人で担いで市場に行きました。

これが世間というものです。この順番は、どう入れ替えたって同じです。世間というものは、常にあなたのやっていることを非難します。そして、あなたがその非難に耳を傾ければ、そのとたんにあなたは世間の奴隷になってしまうのです。

では、どうすればよいのでしょう？

答えはお分かりですね。世間を気にしなければいいのです。あなたが世間を気にしなければ、世間のほうはあなたを奴隷にしたくてもできないのです。あなたは自由人になれます。

でも、そうは言っても、わたしたちはどうしても世間が気になります。世間を気にしないためには、相当に強靭《きょうじん》な精神が必要です。そんな強靭な精神を持たないわれわれはどうすればよいのでしょうか？

わたしは、宗教に援軍を求めるべきだと思います。

ただし、宗教といっても、ホンモノ宗教あり、ニセモノ宗教あり、インチキ宗教もあります。

明治維新のあと、大日本帝国がつくった国家神道は、あれはニセモノ宗教です。あんなニセモノ宗教を押し付けられたので、日本人は宗教嫌いになってしまったのです。

それからインチキ宗教というのは、ご利益《りやく》信仰の宗教です。この宗教を信じると金が儲《もう》かりますよ、病気が治りますよ、と現世利益を謳《うた》って信者を集める宗教、あれはインチキ宗教です。いいですか、金が儲かって人間は幸福になれるとはかぎりませんよ。金があるから浪費をし、夫婦でともに浮気をやり、家庭を崩壊させた人が大勢います。病気が治って浮気をし、家庭を崩壊させた人だっています。人間を不幸にするそんなご利益を謳い文句にする宗教は、インチキにきまっています。インチキ宗教というものは、世間の物差しにもとづいているのです。金があることはいいことだ、病気が治るのはいいことだといった世間の価値判断にもとづいた宗教です。そんなインチキ宗教は、われわれの「世逃げ」の援軍にはなりません。

わたしが援軍にしたいのは、仏教やキリスト教、そしてイスラム教といったホンモノ宗教です。これらホンモノ宗教は、いずれも世間を批判し、世間を叱りつけています。だからわたしたちの「世逃げ」を手伝ってくれるのです。わたしはそのように考えています。

5　勝ち組が負け組、負け組が勝ち組

ご存じだと思いますが、イエスという人、キリスト教徒ではありません。あの人はユダヤ教徒でした。ユダヤ教徒の大工の家に生まれ、ユダヤ教徒として活躍し、そしてユダヤ教徒の異端分子として処刑されて死んでいきました。正真正銘のユダヤ教徒です。

キリスト教という宗教は、そのイエスが処刑されたあと、

「じつはあの人は神の子であったのだ。神がわれわれ虐げられた者を救うために、みずからのみ子をキリストとして遣わされたのだ」

と信じた人々がつくった宗教です。〝キリスト〟というのは、ヘブライ語で「救世主・救済者」を意味する〝メシア〟をギリシア語に訳したものです。だから、イエスをキリス

ト教の開祖とするのはちょっとおかしいのですね。

まあ、それはそれとして、ではイエスが何を教えたかといえば、

《時は満ち、神の国は近づいた。悔い改めて福音を信じなさい》（「マルコによる福音書」1）

でした。キリスト教の本質はこの言葉に要約されています。したがって、イエスのこの言葉を信じた人間がキリスト教徒なのです。この言葉を信じないキリスト教徒なんてあり得ません。

でも勘違いしないでください。「神の国」というのは、どこか遠くにある場所、土地ではありません。神の国という星（天体）がどんどん地球に接近してくる。「神の国は近づいた」をそんなイメージで捉えている人がいましたが、とんでもない誤解です。

ユダヤ教においては、この宇宙は神が創造されたものです。そして人間は、神からこの世界の運営を委《まか》されています。ただし、自分勝手に運営していいわけではありません。神の意に従った運営をせねばなりません。

ところが、人間どもは神から託されたこの世界を、神の意を無視して自分たちの都合の

いいように運営している。勝手気儘に、滅茶苦茶に運営している。イエスはそう考えました。

だから神は怒《いか》り心頭に発して、人間どもからこの世界の運営権を取り上げ、神がこの世界を直接支配されるようになる。それがイエスの「神の国は近づいた」のメッセージです。ですから、ここで〝神の国〟というのは「神の支配」だと思ったほうがいいでしょう。そして〝近づいた〟というのも、「もうすぐやって来るよ」といった意味ではなしに、「もうすでにその萌《きざ》しが現われている」「もうすでに始まっているのだ」と読むべきです。そのように聖書学者の多くが言っています。

では、その神の国（神が直接支配される世界）はどのようなありさまでしょうか？　わたしたちのこの人間が支配する世界とどう違いますか？

イエスは、それについて端的に、

《先にいる多くの者が後になり、後にいる多くの者が先になる》（「マタイによる福音書」19）

と言っています。現代的な表現を使えば、勝ち組が負け組になり、負け組が勝ち組にな

るのです。もう少し具体的に言えば、
《貧しい人々は、幸いである、
神の国はあなたがたのものである。
今飢えている人々は、幸いである、
あなたがたは満たされる。
今泣いている人々は、幸いである、
あなたがたは笑うようになる。

……

しかし、富んでいるあなたがたは、不幸である、
あなたがたはもう慰めを受けている。
今満腹している人々、あなたがたは、不幸である、
あなたがたは飢えるようになる。
今笑っている人々は、不幸である、
あなたがたは悲しみ泣くようになる》（「ルカによる福音書」6）

ということになります。いわゆる逆転現象が起きるわけです。ですから、《財産のある者が神の国に入るのは、なんと難しいことか。……金持ちが神の国に入るよりも、らくだが針の穴を通る方がまだ易《やさ》しい》（「マルコによる福音書」10）

というわけです。勝ち組が完膚なきまでにやっつけられています。

これじゃあ、勝ち組の連中が怒るのは当然です。ですから、彼らは「うるさい奴だ！」と言わんばかりに、イエスを死刑にしてしまったのです。

そして、イエスのその言葉を聞いて、〈本当だ！　この人は神の子であって、われわれ負け組の救済のためにこの世に来てくださったのだ〉と信じた人々がキリスト教徒になったのです。

だから、本来、キリスト教は負け組のための宗教なんです。

さあ、ここのところにわたしたちの「世逃げ」の理論的根拠があります。

イエスは、こんな世の中、おかしい、まちがっている、と言っているのです。その「こんな世の中」のうちには、確実に現代の日本社会が入ります。そこでは金持がのさばり、われわれから捲《ま》き上げた税金を自分たちの都合のいいように使って、ちゃっかり甘い汁を吸っています。そして貧乏人が苦しんでいる。企業は労働者を雇用せず、派遣社員で経費節減。働く人間はその日その日の雇用に頼るよりほかなし。不安に怯《おび》えた生活をせねばなりません。その結果、自殺も増えています。うつに悩む人が多くなりました。

どこかおかしい。いや、どこかおかしいというより、はっきり言ってまちがっています。わたしたちはイエスの言葉を楯にとって、この日本の社会を糺弾《きゅうだん》せねばなりません。そこで甘い汁を吸って、みずから勝ち組と名乗っている奴らを、「おまえら、もうすぐ泣くようになるぞ」と言ってやりましょうよ。

と、思わず勇ましい発言をしましたが、これはいささか無理ですね。そんなこと、なかなか口に出しては言えませんよ。会社員のあなたがそんな発言をすれば、

「明日から出社におよばず」

と申し渡されます。桑原々々。お口にチャックです。

わたしはあるとき、さるお偉い評論家に、これに近い発言をしました。宗教の観点から見て、弱者をいじめている現代日本の社会はまちがっている——と言ったのです。するとその評論家は、

「ひろさん、イエスが〝神の国は近づいた〟と言ったのは二千年前でしょう。二千年かかってどれだけ接近しましたか？　ひょっとしたら、完全に神の国が実現するまでに一億年ぐらいかかるかもしれませんね」

と、にやりと笑って言うのです。頭のいい人です。見事にいなされてしまいました。

ともあれ、わたしたちは、イエスの言葉を口に出しては言わないこと。クリスチャンで、キリスト教徒としては聖書の言葉を言うべきだと信じている人は、その信念を曲げる必要はありません。しかし、その場合は、イエスだって殺されたのだということを忘れないでください。わたしはクリスチャンではありませんから、ただイエスの言葉を利用させていただきます。イエスほどの人が、この世は狂っている、まちがっていると言われたのだから、それは真実だと思います。日本の利権あさりの政治家の言葉は全部嘘っ八です。イエスの言葉が真実です。

わたしはこれを武器に「世逃げ」をしようと思います。「世逃げ」をしたほうがよいといった理論武装に、イエスの言葉がなってくれると思っています。

さあ、さっさと、こんな汚い日本から逃げ出しましょうよ。この日本を「美しい国」なんて言っている政治家は、大企業の甘い汁を吸っている人間に違いありません。われわれにとっては、イエスの言葉が武器になります。この世はなべて「汚い国」です。日本にしても、ブッシュのアメリカにしても。

6　大火事が起きているわたしたちの日本

仏教の場合は、『法華経』(譬喩品《ひゆぼん》)にある、

――三界火宅の譬喩――

が、われわれの「世逃げ」を支持してくれます。

ここに大長者の大邸宅があります。〝長者〟というのは資産家です。さぞや立派な邸宅だろうと思うのですが、実際には、

《堂閣は朽《く》ち故《ふ》り、墻《かき》・壁《かべ》は頽《くず》れ落ち、柱の根は腐《く》ち敗《やぶ》れ、梁《はり》・棟《むね》は傾きて危し》

といった状態。日本の国も同じですね。経済大国だと言っていながら、国家の借金(国債や借入金など)は二〇〇七年六月末時点で八三六兆五二一三億円となり、過去最高となりました。これは国民一人当たりに換算すると、約六五五万円になります。赤ん坊まで含

めて、みんなが六五五万円の借金を背負っているのですよ。こんな借金、絶対に返せませせん。そうであれば国民から搾《しぼ》り取るよりほかない。われわれはいずれ搾り取られて無一文になってしまいます。わたしはそれよりは、日本という国が世界銀行の管理下に入ってくれるほうがよいと思っています。ちょうど戦前の大日本帝国が崩壊して、ＧＨＱ（連合国軍総司令部）の統治下に置かれたように。あんな軍国主義の国家よりも、占領軍のほうがよほどよかった。いまの経済大国日本よりも、世界銀行の管理下にある貧乏国日本のほうが、国民には幸せかもしれません。だって、ワーキング・プアーと呼ばれる貧しい人々が、いまの日本には数多くいるのですから。

話がいつも脱線してしまいますね。でもまあ、読者は脱線を楽しんでください。わたしは本書を、脱線を楽しめる本にしたいと思っています。

さて、話を『法華経』に戻します。『法華経』は、この三界を長者の大邸宅に譬《たと》えています。三界というのは全世界です。長者の大邸宅といっても、見てくれは立派でも、実際はオンボロ住宅なんですよ。日本と同じです。いや、『法華経』が言っているのは、日本にかぎらずどこの国だって、この地球上の全世界がそんなオンボロ住宅だということです。

ただ、われわれは日本人だから、このオンボロ住宅を日本だと思うことにしましょう。

しかも、このオンボロ大邸宅に、突然、火事が起きます。

《周市《めぐり》て倶時《くじ》に、欻然《たちまち》にして火、起り、舎宅を焚焼す》

難しい漢字が並んでいます。ここのところのサンスクリット語からの翻訳（岩本裕訳、岩波文庫）は、

《その家に突然に諸方から大火が起こり、家全体が火につつまれたとしよう》

とあります。このほうが分かりやすいですね。

火事は突然に、しかもオンボロ大邸宅のあちこちから起きました。まさに同時多発です。

そして、家の中では大勢の子どもが遊んでいます。じつは、この大邸宅の持主である大長者は、釈迦仏《しゃかぶつ》なんです。したがって、家の中で遊んでいる子どもは大長者の子です。『法華経』は、わたしたち衆生はみんな釈迦仏の実子——仏子——であると言っているのです。

釈迦仏は子どもたちに、「火事だよ！　さあ、早く逃げ出しておいで！」と声をかけられました。釈迦仏その人は、いち早く逃げ出されたのです。逃げ出して、そして外から声

をかけられた。

でも、子どもたちは遊びに夢中で、お父さんの声が聞こえません。

そこでお父さんは、子どもたちに言います。

「きみたちが欲しがっていた玩具《おもちゃ》があるよ。外に出て来たら、玩具をあげるから、早く出ておいで」

それを聞いて、子どもたちは「わあーっ」と歓声をあげながら家の外に出て来ました。

これが「三界火宅の譬喩」です。教理・教学の上では、この玩具に関していろいろと問題はあるのですが、粗筋的にはこれで充分でしょう。

これでお分かりのように、『法華経』は「世逃げ」のすすめをしているのです。

いや、『法華経』にかぎらず、仏教そのものが「世逃げ」のすすめをしています。

わたしたちが住んでいる現実世界は火宅なんだよ。火宅にいたのでは焼け死にしてしまう。だから、早く逃げなさい！　そう教えているのが『法華経』。

有名な『般若心経《はんにゃしんぎょう》』は、正しくは『般若波羅蜜多心経《はらみったしんぎょう》』といいます。そして、〝般若〟はサンスクリット語の〝プラジュニャー〟を訳したもので「智慧」の意。〝波羅蜜多〟は同じくサンスクリット語で〝パーラミター〟。意味は「彼岸に渡ること」です。煩悩の世界である此岸《しがん》にいたのではだめだ。あなたがたは仏教の教える智慧でもって、悟りの世界である彼岸に渡りなさい！　そう教えているのが『般若心経』です。

そして、浄土の教えは、

――厭離穢土《おんりえど》・欣求浄土《ごんぐじょうど》――

です。苦悩ばかりの穢土（汚い世界）を厭《いと》い離れて、浄土（美しい仏の世界）を欣《よろこ》び求めなさい！　そう教えているのです。

仏教は、すべて現実世界を否定して、「世逃げ」をすすめているのです。現実世界を「美しい国」なんて言っていると、大企業べったりの政治家にしてやられますよ。

＊

ただ、ここで、問題はなきにしもあらずなんです。

仏教者のうちには、たとえ三界は火宅であっても、その火宅は釈迦仏の住居なんだ。その釈迦仏の世界を逃げ出すなんて、とんでもない忘恩の徒である。わたしたちはこの世界を真実の仏の世界にせねばならない。そうすることが仏教者に課せられた義務である。そう主張する人がいます。

つまり、消火活動をすべきだ！　というわけです。

本当にそうなんでしょうか？　消火活動をすれば、焼け死にする危険があります。大怪我をする危険があります。

思い出した話があります。ロンドンに住んでいた日本人が、自宅が火災になったとき、一所懸命、消防士の消火活動の手伝いをしました。そうすると、保険金詐欺の疑いをかけられたそうです。

日本人は火災になると、貴重品を持ち出そうとしますね。せっかく逃げたのに、大事な物が焼けるのを惜しんで、再び火の中に飛び込んで、挙句は焼け死にする人がいます。気の毒なのは、学校の教科書を取りに戻った子どもです。教科書なんかどうでもいいではありませんか。それに対してイギリス人は、火事になればさっさと逃げ出します。消火活動を手伝うなんてことはしないそうです。そのために保険をかけているのだから……というわけです。もっとも、日本の保険会社がおかしいところもあります。最近はだいぶ改善されたと聞きますが、昔は、柱一本焼け残っても「全焼」にはならず、保険金の全額が支払われなかった、といった話をしばしば耳にしました。

わたしは、保険をかけていようがいまいが、火事になればさっさと逃げ出すべきだと思います。

そして『法華経』は、この世界が火事になっているのだと言っています。だから『法華経』の教えを信じるならば、さっさと「世逃げ」すべきです。消火活動なんて、する必要はありません。わたしはそう考えています。

でも、わたしのいう「世逃げ」をしたところで、わたしたちの住む世界はこの日本しかありません。それじゃあ、燃え盛る火の中で、わたしたちはどのように生きればよいのでしょうか？　それをわたしは考えたいのです。焼け死にしたくはありませんよね。

7　暑さになりきれば暑さは苦でない

快川紹喜《かいせんじょうき》（？―一五八二）という人がいます。禅僧です。

彼は故郷の美濃《みの》の崇福寺《そうふくじ》の住職をしていましたが、稲葉山城主の斎藤義龍《よしたつ》と意見が合わず、美濃を出ました。そして甲斐《かい》に行き、武田信玄の招きに応じて慧林寺《えりんじ》に住します。

ところが、天正十年（一五八二）、織田信長によって武田が滅ぼされたとき、かねてから慧林寺が反信長勢力の拠点になっていたので、信長は慧林寺をも攻めました。当時、慧林寺には百余名の修行僧がいましたが、彼らは全員山門に追いあげられ、山門の周囲に薪を積んで火をかけられます。生きながらに焼き殺されるのです。

しかし、快川和尚をはじめとする大勢の僧たちは、信長のそんな暴虐にびくともせず、全員が平然と火あぶりになったのです。

そして、燃える火の中で、快川和尚は次のような遺偈《ゆいげ》を述べました。
《安禅は必ずしも山水を須《もち》いず、心頭を滅却すれば火自《おのず》から涼し》
〔坐禅をするのに、なにも山中の静かな所でなければならぬことはない。熱いと思うその心を滅却すれば、火はおのずから涼しくなる〕
じつはこの言葉は快川和尚のオリジナルではありません。中国の禅籍『碧巌録《へきがんろく》』に出てくるものです。快川和尚はそれを引用したのです。まあ、しかし、快川和尚の最期の状況はこの言葉にぴったりですから、わたしたちはこれを快川紹喜の言葉としてもよいわけですね。

どうせ死なねばならぬのであれば、じたばたする必要はありません。焼け死ぬのはいやで、溺《おぼ》れ死にのほうがよいといったって、焼け死ぬときには焼け死ぬのです。そのようにあきらめてしまえば、火は火でありながら涼しいのです。

まあ、これはがんになったときだと思えばいいわけです。人間は、がんになればがん患者です。がん患者以外の何者でもないのですから、しっかり患者として生きればよい。もっとも、わたしはこんなふうに偉そうなことを言っていますが、自分が実際にがん患者になったとき、どうなるかはわかりません。たぶん、あわてふためき、じくじくと悩むだろうと思います。それならそれで、じくじくと悩んでいることを楽しめればいいな……と思っています。

ともかく、われわれはいかなる状況に置かれても、その状況においてしか生きられないのだから、それをしっかりと生きればよいのです。そのとき、「火おのずから涼し」なんです。がんおのずから楽し。災難おのずから楽し。貧乏おのずから楽し。

なお、この《心頭を滅却すれば火自から涼し》は、巷間では、

——心頭を滅却すれば火も亦《また》涼し——

で伝わっているようです。ですが、それは禅の考えではありません。それだと、どこか痩せ我慢的です。

たとえば、「貧乏もまた楽し」であれば、本当は貧乏でないほうがよいのだが、まあ貧乏もそれほど悪くはないよ……といったニュアンスになります。「貧乏おのずから楽し」は違います。貧乏が貧乏のままで楽しいのです。貧乏の全面肯定です。だから快川和尚は、

《火自から涼し》

と言ったのです。それでこそ禅の言葉になります。

＊

快川和尚のこの言葉は、中国の禅籍『碧巌録』に出ていると言いましたが、その『碧巌録』（第四十三則）にはおもしろい禅問答があります。紹介しておきます。

中国、唐代の禅僧に洞山良介《とうざんりょうかい》（八〇七―八六九）がいます。一人の僧がやって来て、洞山に質問しました。

《寒暑到来、如何《いかん》が廻避せん》

寒くなったとき、暑くなったとき、どうすればこの寒さ・暑さから逃れることができますか？　この質問に、暖房を入れればよいじゃないか、クーラーを入れればよいだろう、と答えたのでは、禅僧に叱られますよ。じつは禅の世界では、「寒暑到来」とは生死の一大事に直面したときを言っているのです。たんなる寒さ・暑さではありません。それに、文字通り寒さ・暑さだとしても、冷暖房によってそれを克服できますか？　クーラーによって冷房病になることがあり、クーラーのきいた部屋から外に出れば、かえって暑さがひどく感じられます。冷暖房は本質的に問題を解決してくれません。
そこで洞山の答えを見ましょう。彼はこう答えました。
《何《いずくん》ぞ無寒暑の処《ところ》に向かって去らざる》
それじゃあ、寒暑のない所に行けばよいじゃないか。
《如何《いか》なるか是《こ》れ無寒暑の処》
再び僧は問います。その寒暑のない所とは、どういう所ですか？
そうすると洞山はこう答えました。
《寒時は闍黎《じゃり》を寒殺し、熱時は闍黎を熱殺す》
〝闍黎〟とは〝阿闍黎《あじゃり》〟の略で、サンスクリット語の〝アーチャールヤ〟の音訳語です。〝アーチャールヤ〟は「師」といった意味ですが、ここでは「おまえさん」といった意味に使われています。つまり洞山は、「寒いときはおまえさんを寒さで殺し、暑いときはおまえさんを暑さで殺せ」と言っているのです。要するに、寒いときは寒さそのものになりきればいい、暑いときは暑さそのものになりきる。たとえば、冬にスキーをやるとき、夏に海水浴をしているとき、寒さも暑さも苦になりません。むしろ暑ければ暑いほど、楽しいかもしれません。曇って太陽が照らない海岸で、唇を紫にしながら海水浴をやっても楽しくないですよね。

暑さそのものになりきると、暑さを忘れてしまいます。忘れてしまうと、暑さがなくなっているのです。

ということは。

そうです、わたしたちががんになれば、がん患者になりきって、がんを忘れてしまえばいいのです。がんはいやだなあ……なんて思っても、がんは治りません。ならば、がん患者になりきって、毎日を楽しく過ごす工夫をすればいい。がん患者のまま、どうしたら楽しく暮らせるかを工夫します。でも、どうしても楽しく過ごす工夫がつかなければ、めそめそしてもいいのです。泣きの涙で暮らしてもいい。そのときは、しっかりと泣きの涙で過ごすのです。洞山良价はそのように教えてくれています。

＊

さあ、これで、ちょっと「世逃げ」の目処《めど》が立ちました。

わたしたちはすたこらさっさとこの世を逃げ出して、どこへ行けばよいのでしょう。漱石は、この世が住みにくいからといって引っ越そうとしても、引っ越す先はないと嘆きましたが、たしかに理想の桃源郷なんてありません。どこに逃げてもいやな所ばかりです。

では、「世逃げ」をあきらめるべきか？

そうではありません。わたしたちは、洞山の言う「無寒暑の処」に逃げ去ればいいのです。つまり、一種の、

——心理空間——

をつくります。そこには誰も入って来ることができない、あなただけがそこで楽しむことのできる世界です。そんな心理空間をあなたの心の中につくっておく。そして、世間がいやになったとき、世間が煩わしくなったとき、苦しくなったとき、悲しくなったとき、あなたはそこに逃げ込みます。

それが「世逃げ」です。

その「世逃げ」をするには、少々のテクニックが必要です。そのテクニックを、Ⅱ以下で伝授することにします。

Ⅱ 「デタラメ」哲学

8　選んではいけないものを選んだ不幸

ヘロドトスは前五世紀のギリシアの歴史家で、「歴史の父」と呼ばれています。彼には『歴史』と題する名著があります。その中にこんな話が出てきます。

古代ペルシアのダレイオス（在位前五二二—前四八六）に反旗を翻した男が捕まりました。王はその男の息子とその親族の男子の全員を捕え、死刑囚として監禁しました。

そこで男の妻は、毎日のように王宮の門前に足を運んで泣き歎きます。それに心を動かされたダレイオス王は、それじゃあ、おまえが指名する者を誰か一人釈放してやると言いました。

で、彼女は誰を選んだと思いますか？

じつは、彼女は、弟の釈放を望んだのです。ギリシア語では兄・弟の区別がはっきりしませんので、ひょっとしたら兄かもしれません。
びっくりしたのは王です。普通であれば夫か息子を助けてやってほしいと願い出るのに、彼女は弟を指名しました。王はその理由を尋ねます。
《王様に申し上げますが、神様の思召しがあれば、私は別の夫をもつこともできましょう。また今の子供たちを失っても、ほかの子供を設けることもありましょう。しかし父も母も既にこの世にない今となっては、もうひとり兄弟をもつことはどうにもできぬことでございますもの。このように考えまして、先程のように申しました》(ヘロドトス『歴史・上』巻三―一一九、松平千秋訳、岩波文庫)
なるほど、その通りですね。その結果、
《ダレイオスは女の言葉をもっともと思い、その心情を賞《め》でて彼女の願った者のほかにさらに長男を釈放してやり、他の者はことごとく死刑に処したのであった》(同上)
となりました。よかったですね、と言いかけたのですが、読者よ、本当にこれでよかったのでしょうか?
じつはこれに類する話は、インドの民話にもあります。わたしが読んだインド民話の本では、三人の泥棒が捕まり、死刑を宣告されます。三人の泥棒は、一人はある女の夫で、もう一人は息子、三人目は弟です。王はその女に、「おまえが選ぶ誰か一人を助けてやる」と言い、女は弟を選びました。王にその理由を訊《き》かれて、女が答えた答えは、ヘロドトスの『歴史』と同じです。ただ、ヘロドトスと違っているのは、インドの民話では、王は泥棒を三人とも釈放してやりました。

とすると、インドの民話のほうがよりハッピー・エンドですね。

だが、そうではありません。わたしは、どちらの女性も不幸になったと思います。

いいですか、インドの民話の場合、彼女の夫も息子も釈放になりましたよね。すると夫は、きっと、

「おまえは俺よりも弟のほうが大事なんだな。分かった。それじゃあ、おまえはこの家を出て行け！　離婚だ！　おまえは弟の所に行けばいいんだ」

と言うに違いありません。また、息子だって、

「お母さんはぼくよりも叔父さんのほうが大事なんだね。ぼくなんか死んだっていいと思っているんだよね。それじゃあ、叔父さんの所に行くがいいや」

と言うでしょう。そして、弟が姉の面倒を見てくれるかどうか分かりませんよ。女は、その意味では地獄に堕《お》ちたのです。

古代ペルシアの女だって、夫は死刑になったので文句は言いませんが、釈放された長男は母を赦すでしょうか。彼女の場合、たぶん長男も、母親を家から追い出すだろうと思います。彼女もまた、地獄に堕ちることになるでしょう。

では、なぜ彼女たちは失敗したのでしょうか？　二人の女がやった過ちは何でしょうか……？

わたしは、彼女たちが選んでしまったからだと思います。選んではいけないもの、選択してはいけないものを、彼女たちは選びました。それが失敗です。

「王様、誰か一人を選べと言われても、わたしには選べません。わたしにとってどの人も、みんな掛替えのない存在です。それに優劣をつけるなんて、わたしにはできないことでございます」

二人の女はそう言うべきでした。

それを賢《さか》しらがって弟を選んでしまった。それじゃあ不幸になるのはあたりまえです。

ヘロドトスの女性の話をしたので、女性を責める話になってしまいました。でも、これは女性ばかりの問題ではありません。男性だって問題です。いや、問題なのは現代の日本人全体です。

現代日本人は「世間の物差し」でもって人間を価値判断します。本書の冒頭にも述べたように、商品価値でもって人間を評価し、そして人間を選別するのです。その商品価値が「世間の物差し」です。

*

そりゃあね、企業においては社員を評価し、選別する必要がありますよ。応募者の中から籤引《くじび》き、抽籤《ちゆうせん》で社員を採用するわけにはいきません。能力を判定し、能力の勝《すぐ》れた者を社員に採用する。それはあたりまえです。

でも、それをやっていると、いつのまにかわたしたちは、選別してはいけないものまで選別するようになってしまいます。

企業が商品価値でもって人間を選別するから、学校教育においても子どもの商品価値を高めることが教育の目的になってしまいます。〃人材教育〃なんて言葉がありますが、そこにおいては人間は「材料」にされているのですよ。おかしいと思いませんか。いや、おかしいと思わないからこそ、学校の先生が、

「きみたちは、自分を高く売り込める人間になりなさい」

などと平気で言うのです。でも、商品として売られる人間は奴隷ですよ。そのことを忘れているのです、現代の日本人は。

そして、学校教育が狂ってしまったから、家庭の子育ても狂ってしまうのです。親はわが子を商品価値の高い子に育てようとします。わが子を奴隷にしようとするのです。社奴・社畜という名の奴隷に。

その結果、子どもたちは学校においても家庭においても不幸です。もっとも商品価値の高い子はいいですよ。〈俺は高い値段の人間だ〉と誇れます。そんな誇りは競走馬のサラブレッド的誇りですが、いちおうは安堵《あんど》できます。

だが、商品価値の低い子はどうなりますか……？　彼らは屈辱感を持って生きねばなりません。まともな社会であれば、持つ必要のない屈辱感を持って生きねばならないのだか

ら、子どもたちはかわいそうです。

そして、いわゆる勝ち組にもこの妙な屈辱感が影響します。勝ち組の負け組に対する優越感は、この屈辱感の裏返しだからです。また、勝ち組は、いつ自分が負け組に転落して屈辱感を味わうはめになるだろうかと、たえずびくびくしています。それもおかしな屈辱感のなせるわざです。

ということは、日本の社会全体がおかしな屈辱感に支配されているのです。それが人間を商品価値で判断する社会の、当然の報いなんです。

9　わが子の所有権はわたしにはない

古代ペルシアの女性にしろ古代インドの女性にしろ、選んではいけないものを選んでしまいました。彼女たちは王様に、

「王様、夫か息子か弟か、誰か一人を選べと言われても、わたくしには選べません。どうか王様のほうで選んでください」

と、きっぱりと言うべきでありました。それなのに賢しらがって弟を選んだ。その選択基準はちょっと世間の物差し（世間の常識）と違っているように見えます。世間の常識だと夫か息子を選びます。でも、彼女らは弟を選びました。しかし、それだって世間の物差しですよ。そして世間の物差しは、基本的には人間の商品価値を測るものです。

だが、問題は残ります。それは、王様がなおも執拗《しつよう》に選択を迫ったときです。

「なに?!　そちは〝選べぬ〟というのだな……。そちが選べないのであれば、分かった、三人とも死刑だ！」

そう言われたら、どうしますか……？　誰か一人は助けることができるのに、それでも選択を拒否しますか？

こんなとき、どうすればよいか？　わたしに名案（？）があるのですが、それについてはあとで明かします。楽しみにしていてください。

＊

いまの日本の親たちは、子どもを商品価値でもって測りますが、昔はそうではなかった。そりゃあね、昔の親たちだって、子どもの出来・不出来は気になりましたよ。この子は出来のいい子だ、この子は出来が悪い、と判断はします。その判断基準は世間の物差しです。ただし、昔の世間の物差しは商品価値ではありません。人間が商品価値で測られるようになったのは、資本主義社会の発展につれてだと思います。日本においては、一九六〇年の安保闘争において岸内閣が倒れ、そのあと成立した池田内閣が所得倍増論を唱えた。

それ以後、自民党政府はずっと経済成長路線をとり、そのため日本の社会は「金・かね・カネ」の世の中になり、人間が商品価値で測られる社会になったのです。つまり人間が奴隷にされたのです。

しかし、昔の世間の物差しは、そんな商品価値ではありません。たとえば、あの人は温厚な人柄だといって褒められる、もっと人間的な価値でした。あるいは体の頑健さが評価されました。だが、そういう人間的な価値であるにせよ、世間の物差しは世間の物差しです。そのことは忘れないでください。

ともあれ、昔の人々も世間の物差しでわが子を測っていました。

だが、それに全面的に頼るわけにはいきません。

なぜなら、昔は幼児死亡率が高かった。それゆえ、出来のいい子がぽくっと死んで、出来の悪い子が残ることもあります。そうすると、出来のいい子だけに賭けることはできません。出来の悪い子にもある程度の投資をしておく必要があります。もっとも、その判断を誤って、一人の子どもをちやほやし、あとは虐待した結果、失敗した親もいました。とくに武士の社会ではそのようです。でも、一般庶民の家では、親はわが子を差別しないのが普通でした。

けれども、現代日本の社会では幼児死亡率は高くない。おまけに少子化社会で、子どもは一人か二人です。それに、ほとんどの親は老後の面倒を子どもに見てもらおうとは思っていません。そうすると、親はわが子を商品価値でもって測り、わが子の商品価値を高める子育てをします。わが子の商品価値を高めてやることが、その子を幸福にしてやることだと錯覚しているのです。

ここに現代日本の悲劇の淵源があります。

*

もう一つ、昔の親たちには、子どもは、

――ほとけ様からの授かり物――

という意識がありました。ほとけ様からの授かり物であれば、それを世間の物差しで測ってはいけないのです。ほとけ様からの授かり物は、やはり「ほとけ様の物差し」で測らねばなりません。

ところが、現代日本において、わたしが、「子どもはほとけ様からの授かり物ですよ」と言えば、多くの母親たちが、

「分かりました。でも、授かった以上は、わたしの物なんですね」

と、念を押しにきます。つまり彼女たちは子どもの所有権を主張するのです。

だから、現代日本においては、〝授かる〟といった言葉も使えません。

ですからわたしは、最近は、「子どもはほとけ様から預かっているのですよ」と言っています。

この点で参考にすべきは、ユダヤ教の考え方です。

じつをいえばヘブライ語（ユダヤ民族の言語）には、

――〝所有する〟――

といった動詞がないそうです。〝所有する〟は英語だと“have”ですね。それに相当する言葉がないのです。

なぜかといえば、この宇宙に存在するすべての物の所有者は神であって、人間に所有権がないと考えられているからです。

それだと、たとえば〝わたしはペンを持っています（I have a pen.）〟と言いたいときには困りますね。どう言うのでしょうか？　それは、ヘブライ語では、

〝このペンはわたし（の使用）に向けられている〟

となるのだそうです。そういうことを前島誠氏が書いておられました（『春秋』二〇〇二年十二月号）。

おもしろいですね。この世に存在するすべての物は、その所有権は神にあって人間にはありません。人間は神の物を一時的に預かって、その使用を許されているのです。それがユダヤ教の考え方です。

そして、この考え方は、わたしは仏教にも通じると思います。

というのは、第6章でも紹介した『法華経』の「譬喩品」において、釈迦仏が、

《今、この三界は皆、これ、わが有なり。その中の衆生《しゅじょう》は、悉《ことごと》くこれ吾が子なり》

と言っておられるからです。〝三界〟は全宇宙でしたね。この宇宙は仏の有です。所有権は仏にあります。そして、いっさいの衆生、すなわち生きとし生ける者はすべて仏子です。仏の子どもなんです。

だから、わたしたちはわが子を仏から預かっているのです。わたしの子どもではありません。所有権は仏にあります。仏子なんです。

ですから仏子を、世間の物差しで測ってはいけません。

仏子を測るには、ほとけ様の物差しが必要なんです。

10　ゴム紐の物差しから仏の物差しへ

社長と社員が待合せをして、社員のほうが一時間も遅刻すれば、彼はこっぴどく叱られます。下手をすると転勤になったり、首になったりします。

しかし、社長が一時間ぐらい遅れても、

「待たせたね」

で終わってしまいます。そして社長は心の中で、〈俺が遅刻したのは、のっぴきならない商用のためだ。俺が遅刻しないでここに来られるようであれば、うちの会社は倒産するかもしれない。だから、おまえは、俺が遅刻したことを感謝せねばならない〉と思っているかもしれません。

このように、世の中の物差しはご都合主義なんです。世の中には強者と弱者があって、強者に都合よく出来ているのが世の中の物差しです。

また、わたしたちは、自分の欠点には寛容で、他人の欠点には厳しい。たいていの人は、〈そりゃあね、わたしにもいけないところはありますよ。でも、わたしが悪いのはほんのちょっと。しかし、あの人がいけないところは、これぐらい大きい〉

と、両手を五センチから一メートルぐらいに広げて示します。

で、わたしは、そこで使われている世間の物差しを、

――ゴム紐の物差し――

と命名しています。ともかく伸縮自在の物差しなんです。

ですから、あなたは、そんな世間の物差しを信用してはいけません。世間の物差しは、伸縮自在であり、強者に都合よく、弱者はそれによっていじめられるように出来ているのですから。そんな世間の物差しによって測定された「優等生」になろうとすれば、あなたは人生を小心翼々と生きねばなりません。しかも、それで成功するかどうか、保証の限りではありません。

わたしは自分のノートに、次のような言葉を書き込んでいます。

――世間の有象無象どもが勝手に定義した「成功」を手に入れるために、自分の生き方を変える必要なんてあるものか――

でもね、勘違いしないでください。わたしは世間の物差しを捨ててしまえ！　と言っているのではありません。捨てようとしても、捨てられません。また、無視しろ！　と言うのでもありません。これも、無視することはできないからです。

では、どうすればいいのでしょうか……？

それは、世間の物差しのほかに、もう一つの物差しを持つことです。

＊

だが、ここでも早合点をしないでくださいよ。

世間の物差しは商品価値を測る物差しです。そしてゴム紐の物差し。だから狂った物差しです。

それで、もう一つの物差しは、狂いのない、正確な物差しというのでは<u>ない</u>のでありません。メートル原器のようなものを思い浮かべてもらっては困ります。

だいたいにおいて、そもそも正確な測定ができるか否かが問題です。英語100点・数学0点の人と、英語50点・数学49点の人では、どちらの実力が上になりますか？　その前に、英語や数学の実力が測定できるのかどうかも問題にせねばなりませんね。

じつをいえば、現代科学がやっている仕事が、この正確な測定をすることなんです。二つの物体の重量を何ミリグラムの単位まで測って、どちらが重いかを決める仕事をやっているのが科学。その科学も世間の中で仕事をやっているのですから、世間の価値判断に従っています。したがって、かりにメートル原器のような正確な物差しがあったとしても、それも世間の物差しです。

わたしの言う「もう一つの物差し」は、

――ほとけ様の物差し――

です。わたしは仏教を中心に勉強している人間ですから、それを〝ほとけ様の物差し〟と呼びますが、読者のうちにキリスト教徒がおいでになれば、それを〝神の物差し〟と命名されてもよいのです。ともかく、世間を超えた、神や仏に基準を置いた物差しが、もう一つの物差しです。わたしはそれを、「ほとけ様の物差し」あるいは「仏の物差し」「神の物差し」と呼ばせていただきます。

繰り返し注意するまでもないと思いますが、この仏の物差し・神の物差しは目盛りが正確な物差しではありません。

そうではなくて、反対に目盛りのない物差しです。

目盛りがないのだから測れません。だから、測れない物差しが仏の物差しです。いや、測れないのではなくて、測らないのです。仏の物差しは、物を測らない物差しなんです。

測ってはいけないのです。

天皇の命と総理大臣の命、ホームレスの命と、どれが大切ですか？

世間の物差しはそれを測ります。戦争中は、おまえたちの命は天皇陛下のものだ。天皇陛下のために命を投げ出せ！　と教えられました。そして、一兵卒の命は馬の命よりも低いと評価されました。一兵卒は召集令状の郵便代金だけで補充がきく、しかし軍馬はそう簡単に補充がきかないからという理由からです。そんな狂った物差しが世間の物差し。

仏の物差しは、測らない物差しです。天皇の命とホームレスの命とを測って比べるようなことはしない。測ると比較されますから、測らないことによって同等の重さにするのです。

あなたのお子さんは、学校において世間の物差しで測られています。あなたが世間の物差ししか持っていないならば、あなたのお子さんは世間の奴隷にされてしまいます。あなたが仏の物差しを持ったとき、あなたのお子さんははじめて人間になることができるのです。自由な人間に。

いや、あなた自身だって、世間の物差しで測られているのです。だからあなたは奴隷になっています。あなたが仏の物差しを持ったとき、あなたははじめて自由な人間になれます。

あなたが仏の物差しを持ったとき、夫か息子か弟か、いずれか一人を選べと言われても、誰がいちばん大事な人間かを測らないでいられるのです。測らないことによって、いずれの人も同等に大事な人間になるのです。

だとすると、釈放されるのは誰だっていいのです。あなたがそれを選ぶ必要はありません。あなたが誰か一人に決めようとすれば、あなたは世間の奴隷になってしまいます。

さあ、そこで、ひとまずの結論が出たようです。その結論は、

――何だっていいものは、何だっていい――
というものです。それが、仏の物差しによる考え方なんです。

11　仏から預かったものは仏の物差しで

読者は注意してください。わたしは、「何だっていいものは、何だっていい」と言いましたが、これは何もかもが何だっていいわけではありません。「何だっていい」ものだけが何だっていいのです。

だから、お客に招かれて、招待者から、

「飲み物は何になさいますか？　お酒？　ビール？　それともワイン？」

と訊かれて、「何でもいいです」と答えてはいけません。わが家の来客がそんなふうに答えるなら、わたしは水を出しますね。

わたしが嫌いなのは、あのシェフのおまかせ料理という代物《しろもの》です。料理は自分の好きな物を食えばいいのです。シェフが好きな料理をこちらが食う必要はありません。こちらが金を払うのですから。

ここは主体性の問題です。

だいたいにおいて、日本人は主体性に欠けますね。レストランで注文するとき、誰かが「カレーライス」と言えば、「それじゃあ、ぼくも」となります。他人が何を食おうと、他人の食った物が自分の胃袋に入るわけがない。それなのに、ついつい他人の胃袋が気になるのが日本人です。

では、「何だっていいもの」は何でしょうか……？

それは、ほとけ様から授かったものです。いえ、授かったと言えば所有権が発生しますから、ほとけ様からお預かりしているものです。

仏からお預かりしているものは、何だっていいものです。いちいち文句を言ってはいけません。ただありがたくお預かりすればいいのです。いや、ありがたくお預かりすべきなんです。

仏からお預かりしているもの。それは、まずは子どもと財産ですね。

「わたしには子どもがいる、財産もある」と思いつつ、そのために人は悩み苦しむ。だ

が、自分ですら自分のものではない。どうして子どもや財産が自分のものであろうか》

原始仏教聖典の『ウダーナヴァルガ』(一・二〇)はそう言っています。

そもそもわたしたちは、子どもや財産が自分のものだと思うから、それを世間の物差しで測って、あれこれ悩むのですね。どうもわが子は出来が悪い。なんとかして一流大学を卒業させ、一流企業に就職させたい……と思うから、やきもきせざるを得ません。仏から預かった子だと思えば、その子を真の意味で幸福にしてやれるのです。

たとえば、ハンディキャップのある子がいますね。生れながらに脚が悪い。しかし、ほとけ様は、その子をオリンピック選手にしてくれと頼んでおられるのでしょうか……?! そうではありませんね。ほとけ様は、預けた親に、

「この子は脚が不自由なんだよ。あなたがたはこの子を、脚が不自由なまま幸せにしてやってほしい。頼むよ」

と願っておられるのです。その仏の願いに気がついたとき、わたしたちは本当の子育てができるのです。

寿命の短い子もいます。幼くして死んでいく子は不憫《ふびん》でなりません。ですが、その子の

寿命を決められるのはほとけ様です。仏の決められた寿命のあいだだけ、親はしっかりとお預かりすればいいのです。

勉強の嫌いな子どももいます。ほとけ様は、「この子は勉強が嫌いな子どもなんだ。この子を幸せにしてやってくれ」と願って、その子を親に預けられたのです。なにも、「この子を勉強好きな子に改造してくれ」と頼んでおられるのではありません。

勉強の嫌いな子がだめな子かといえば、そんなことはありません。小学校で算数がまったくできない子が、家が魚屋で、家の商売を手伝っているとき、足し算、引き算、掛け算を自由自在にやってのけていることもあるのです。

そう言えばわたしは十数人の仲間とヨルダンに旅行したのですが、そのとき砂漠を二台の四輪駆動車で走りました。前の車はベドウィンの父親が運転し、後の車は十一歳の息子が運転しました。十一歳の少年が父親の仕事を手伝っているベドウィンの子どもたちと、学校に縛りつけられている日本の子どもと、どちらが幸せなんだろうか……と、あのときつくづく考えさせられました。

ともかく、子どもは仏から預かっているのです。その子どもを、世間の物差しで測ってはいけない。ほとけ様の子は、仏の物差しで測るべきです。ということは、何だっていいのです。

財産だって仏からの預かりものです。

昔、パキスタンのイスラム教徒と、

「アッラーの神は、なぜ大金持と貧乏人をつくられたのか？　なぜ、みんなを平等にしなかったのか？」

を議論したことがあります。パキスタン人が「分からない」と言うので、わたしが説明してやりました。

「みんなを平等にしておくと、公共の事業をやるとき、みんなから平等に資金を集めねばならない。そうすると、なかなか集まらないことがある。それで神は大金持をつくって、〝この金はあなたのものじゃない。あなたに預けておくだけだ。みなのためになるように使ってほしい〟と頼まれたのだ」

そうすると彼はわたしに飛びついてきて、「おまえはアッラーの心がよくわかっている。俺はおまえが大好きだ」とキスされました。仏教もイスラム教も、いやキリスト教だって、同じ考え方なのです。
だから、仏や神からたくさんの金を預かっている人々は、みんなのためにその金を出す義務があります。
そして、あまりお金を預かっていない人は、卑屈になる必要はありません。金持が持っている金はみんなのものなんですから、せびり取ればいいのです。
そして、ほとけ様からの預かりものは、子どもと財産ばかりではありません。じつは、自分自身も仏からの預かりものです。
《借用申す昨月昨日
返却申す今月今日
借り置きし五つのものを四つかえし
本来空にいまぞもとづく》
これは室町時代の禅僧の一休禅師（一三九四—一四八一）の言葉です。一説によると、これは一休禅師の辞世の句とされています。
「借り置きし五つのもの」とは、地・水・火・風・空です。そのうちの四つ——地・水・

火・風――は「四大《しだい》」と呼ばれます。四つの元素です。古代のインド人は、人間の身体は四大でもって構成され、病気はそれらの調和が崩れたときに起きると考えていました。そこで病気の状態のことを〝四大不調《ふちょう》〟というのです。

われわれはこの身体（四大）をほとけ様から借りているのです。そのお借りした四大を仏にお返しして、本来の「空」に戻ります。それが死です。一休禅師はそう言っているのです。

それからちょっと付け加えておきます。離婚しないでくっついているあいだは、夫からすれば妻は、妻からすれば夫は、ほとけ様からのお預かりものだと思ってください。また、年取った親もほとけ様からのお預かりものです。だから、世間の物差しで測ってはいけません。仏の物差しで測るべきです。

12　人間にとって最善のものは「死」

キリスト教では、イエスが、

《人を裁くな。あなたがたも裁かれないようにするためである。あなたがたは、自分の裁く裁きで裁かれ、自分の量る秤で量り与えられる》（「マタイによる福音書」7）

と言っています。

でも、これは、誤解されやすい発言です。

「人を裁くな」というのは、裁判所や裁判官が公権にもとづく裁判をしてはならないというのではありません。そうではなくて、個々の人間が勝手に他人を「いい人だ」「悪い人だ」と判断してはいけない、と言っているのです。

つまり、世間の物差しを使うな！　ということですね。

わたしたちは日常生活において、しょっちゅう人を裁いています。遅刻した人間を悪い奴だと言ったり、新聞記事やテレビを見て、あいつはけしからんと言います。

でも、その裁きは正しいのでしょうか？

おかしいですよね。国家機関の裁判所であれば、被告を裁くときに、裁判官は検察側と弁護側の意見を聞いた上で判決を下します。ところがわたしたちの日常の法廷では、わたしが裁判官であり、同時に検察官にもなって、被告や弁護人の意見も聞かずにすぐさま判決を下します。それに、被告には上告の権利がありません。そんな暗黒裁判を、われわれは日常的にやっているのです。イエスは、そういう暗黒裁判をやるな！　と言っているのです。国家機関がやる裁判までをも否定しているのではありません。

では、なぜイエスは「人を裁くな！」と言うのでしょうか？

それは、人を裁くのは神だからです。神だけが人を裁く権利を持ち、また実際に裁いておられます。

もちろん、神が裁かれるとき、その基準は「神の物差し」によります。神の物差しによって、神は人間を裁かれます。

そして、その神の物差しは目盛りのない物差しです。

ただし、この場合、神の物差しと仏の物差しには、ほんの少しの違いがあります。目盛りがないという点においては、仏の物差しも神の物差しも同じです。でも、仏の物差しであれば、目盛りがないから、「何だっていいものは、何だっていい」となるのに対して、神の物差しの場合は、

——神がいかなる判決を下されるかは、人間には分からない——

となるのです。神は裁いておられるのですが、その裁きの結果は人間には分かりません。

また、人間はそれを知ろうとしてはいけないのです。

高校生のときに、英語の授業で、“God knows that....”といった文章があり、この「神は知っておられる」というのは「分からない」といった意味だと教わり、不思議に思ったことがありますが、これはこのような背景があるからなんです。ともかく、神の意思はわたしたち人間には分かりません。分からないものを分かろうとしてはいけないのです。

それがキリスト教の考え方です。

したがって、わたしたち人間が、「あの人はいい人だ」「あいつは悪い奴だ」と裁いては

いけません。「いい人」「悪い奴」を決められるのは神だけです。神でない人間が人を裁けば、神に対する越権行為になります。それが、イエスの言う「人を裁くな！」です。

＊

前に紹介したヘロドトスの『歴史』（巻一・三一）に、こんな話があります。

親孝行な兄弟がいました。ヘロドトスはこの兄弟の名前を記していますが、われわれにとっては無用ですね。二人はともに体育競技に優勝したことのある、立派な青年です。

ヘラ女神の社で祭礼があり、二人はどうしても母親を牛車で社まで連れて行かねばならなくなりました。しかし、牛が畑に出ていて、時間が間に合いません。それで二人は牛の代わりに自分たちが軛《くびき》に就いて車を曳き、母を乗せて四十五スタディオン（約八キロ）を走破して社に着きました。

それを見て、人々は若者を誉め称えました。母親に向かって、「あなたはなんと立派な息子を持たれたのか」と祝福します。母親は喜びのあまり、ヘラ女神に、

「どうかうちの二人の息子たちに、人間として得られる最善のものを与えたまえ」

と祈りました。母親の祈りののち、社において犠牲と饗宴の行事があり、それが終了後、二人の青年は社の中で眠りました。

しかし、二人は再び起き上がることはありませんでした。眠ったまま死んでしまったのです。

お分かりになりますか？「人間として得られる最善のもの」とは、ヘラ女神からすれば「死」だったのです。

《神様はこの実例をもって、人間にとっては生よりもむしろ死が願わしいものであることをはっきりとお示しになったのでございました》

そのようにヘロドトスは述べています。

これが、人間の物差しと神の物差しとの違いです。

人間にとっては、死は忌わしいものです。その死が、神の眼から見れば、すばらしいものに見えるということを人間は知らないでいます。だからついつい、その物差しの違いを忘れて神仏にお願いごとをします。その結果、神や仏の眼で見た「いいもの」をいただき、世間の物差しから見れば不幸になるのです。あんがいその「不幸」が、真実の意味では

「幸福」かもしれないのに、人間はそこで神仏に文句を言いたくなるのです。神や仏にすれば、迷惑な話ですね。

＊

ある男が神様に質問しました。

「神様にとって、人間世界の一万年はどれぐらいの時間ですか」

「うん、一分ぐらいだ」

神の答えを聞いて、男はまた別の質問をしました。

「では、神様からすれば、一億円というお金は、どれくらいの値打ちになりますか？」

「そうだな、まあ一円ぐらいのものかな……」

「で、神様、ちょっとお願いがあります。その神様にとっての、たったの一円をわたしに恵んでください」

「ああ、いいよ。一分間だけ待ちなさい」

なかなかユーモアのある神ですね。ユダヤ人がよく使うジョークです。

人間の物差しと神の物差しの違いがよく分かりますね。

13　神意はサイコロによって示される

古来、ヨーロッパのキリスト教社会には、

――神の法廷――

というものがありました。これは「神意裁判」とも呼ばれ、神が直接、法廷において事件を審理されるのです。

おもしろい例があります。穂積陳重《ほづみのぶしげ》著『法窓夜話』（岩波文庫）に出てきます。

一人の美少女が殺害されて、容疑者が二人捕まります。犯人は二人のうちのいずれかなんですが、拷問まで加えても、二人とも白状しません。

《そこで現帝室の御先祖たるフリードリヒ・ウィルヘルム公（Friedrich Wilhelm）は、この二人に骰子《さいころ》を振らせて、その敗者を犯人と認めるといういわゆる神意裁判を行おうと決心せられた。
荘厳なる儀式をもって、公は親《みずか》らこの神意裁判を主宰せられた。ラルフはまず骰子を投じた。輾転《てんてん》また輾転、二個の骰子は共に六を示した。合せて十二点。得らるべき最高点である。彼は少なくとも敗者となる気遣《きづか》いはない。神は既に彼の無罪を証拠立てたのである。相手の有罪の証迹《しょうせき》は次いで顕《あら》われることであろう》

穂積陳重（一八五五―一九二六）は東京帝国大学教授であり、帝国学士院長、枢密院議長などを歴任した偉い学者です。なのに、文章は軽妙ですね。まるで講談調です。

ラルフは二人の容疑者の一人です。彼が振ったサイコロは⚅⚅を示したのだから、最高点です。この時点で彼の無罪は証明されました……と、穂積陳重は言っていますが、ちょっとおかしいですね。もう一人が同じく⚅⚅を出せばどうなりますか？　その点については何も書かれていません。

まあ、続きを読みましょう。アルフレッドというのがもう一人の容疑者です。

《アルフレッドは今や絶体絶命、彼は地に跪《ひざまず》いて切なる祈を神に捧げた。「我が罪無きを知り給う全能の神よ。願わくは加護を垂れさせ給え」と、満腔《まんこう》の精神を隻手《せきしゅ》に集めて、彼は骰子を地に抛《なげう》った。見よ、戛然《かつぜん》声あって骰子の一個は真二つに裂けて飛んだ。一片は六を上にしている。一片は一を上にしている。そして他の一個の骰子は六を示しているではないか。彼は実に天佑《てんゆう》によって勝ち得べからざる勝を贏《か》ったのである。満堂いずれも奇異の思いをなして一語を発する者もない。

さすがのラルフも神意の空恐ろしさに胆を冷して、忽ち自分が下手人であることを白状した。「これ実に神の判決なり」と、公はかく叫んで、直ちに死刑の宣告を下されたということである》

おもしろいですね。アルフレッドの振ったサイコロは⚀⚅⚅となったのです。そして、穂積陳重によると、

《ドイツの帝室博物館に皇帝よりの御出品として「死の骰子」(Der Todes Würfel) という物が陳列してある。第十七世紀の半ば頃、この骰子《さいころ》をもって一の疑獄が解決せられたという歴史附の有名な陳列品である》

そうです。まっ二つに割れたサイコロなんて、なかなか乙な陳列品ですね。

*

〝デタラメ〟といった言葉は、サイコロの「出た目次第」の意味だそうです。神意裁判というのは、まさにデタラメです。

だが、そのデタラメがいいのです。

なぜかといえば、人間には神の意思は分かりません。神の物差しは目盛りがないのだから、人間はその物差しで測ることはできません。人間がいくら論理的に思考しても、理性でもって判断しても、人間がやるかぎりは人間の物差しでしかないのです。ラルフとアルフレッドを拷問によって自白させたにしても、それが真実である保証はありません。真実を知っておられるのは神だけであり、われわれ人間が真実を知るためには神に訊くよりほかないのです。

そして、その神の判断は、

——偶然・デタラメ——

によって示されるのです。いいですか、われわれが論理的だと思うものは、人間の物差しです。神の物差しは、われわれにとっては「偶然・デタラメ」にしか思えないものです。われわれ人間にとってのデタラメが、神にとっての必然です。

もちろん、神意裁判には、このほかにさまざまな方法があります。容疑者をプールに投げ込んで、浮かんできたら有罪とするものもあります。これはちょっとペテンですよね。だって、無罪の人間は水に沈んで死んでしまうのですから、いずれにしても死ぬはめになります。でも、本書は神意裁判の研究書ではありませんから、そのペテン性には目を瞑《つぶ》ることにします。わたしたちが確認しておきたいことは、

——デタラメこそが神意である——

ということです。このことをしっかりと銘記しておいてください。

14　仏に選んでいただくやり方

仏の物差しも、神の物差しも、ともに目盛りはありません。目盛りがないから、その物差しは人間には使えません。

では、われわれはどうすればよいのでしょうか……？

前章で見たように、神の判断は、われわれには「デタラメ・偶然」によって示されます。われわれが神の判断を仰ぐとすれば、サイコロをころがすといったデタラメな方法をとる以外にありません。人間の頭で考えたことは、神の物差しにはならないのです。

そして、仏の物差しについては、わたしたちは仏の判断を、「何だっていいものは、何だっていい」と受け取るべきだと学びました。人間の判断を加えて、あれこれ選《え》り好みしてはいけないのです。人間の判断を加えるときには、そこに人間の物差しが使われることになるからです。

おもしろい話があります。

鈴木正三《しょうさん》（一五七九―一六五五）といえば、江戸時代初期の曹洞宗の禅僧です。三河（愛知県）出身の武士で、徳川家に仕え、関ヶ原の戦いや大坂の陣にも出陣したのですが、のちに出家をしました。しかし、出家をしても〝正三《しょうさん》〟という俗名をそのまま使っています。

その正三について、弟子が語っています。

《或人語て曰、此前行脚《あんぎゃ》の時、師好んで悪き宿を借り給ふ。我同じ銭を乍レ出《いだしながら》悪き宿は御無用也と云ければ、師曰、同じ銭を出すならば、人の為に成《なる》やうにせでは。能《よき》宿は人毎に借間《かるあいだ》事不レ欠。悪き宿の人に借《から》れず、つゞきかぬる処に助留《たすけどまり》に留《とまり》たるは、功徳に非ずや。少《すこし》我身不自由なる分は、一夜のこと也と云て、弥《いよいよ》悪き宿に留《とまり》給と也》（『驢鞍橋』下）

「ある弟子が語って言いました。この前の行脚のとき、師はあえて悪い宿を選んで宿泊されました。それでわたしが、「同じ宿賃を払うのですから、悪い宿を選ぶ必要はないではありませんか」と申し上げたところ、師は、「同じ料金を払うのであれば、人のためになるようにしたほうがいい。いい宿は多くの人が宿泊するから困ることはない。しかし、悪い宿で宿泊客もなく、経営が続けられなくなっている所に、助けるために宿泊してあげるのが功徳になるのだ。悪い宿は少しは不便な点もあるが、なに、たった一晩のことではないか」と言われて、いよいよ悪い宿を選んでお泊りになられました」

これはなかなかいい話です。だが、正三にけちをつけるのではありませんが（やはりつけているのかな……）、これは仏の物差しではありません。いい宿・悪い宿と世間の物差しでもって価値判断をした上で、わざわざ悪い宿を選んでいるからです。そして、こういうやり方をされると、いい宿の人が困ることになりませんか。いい宿の人は経営努力をしているのでしょう。経営努力をしている人としていない人が同じに扱われると、努力をしている人が損をすることになります。ましてや、経営努力を怠った人のほうが優遇されると、努力をしている人は大損をします。

これは、学校の成績についても同じです。よく出来た子と出来ない子を差別しないで、オール3をつける先生がいますが、そうするとよく出来た子を貶《おとし》めることになります。ましてや、出来の悪い子にいい点数をつけるなんて、無責任なやり方です。

だから、仏の物差しに人間の物差し（世間の価値判断）を加えてはいけないのです。仏の物差しを使うときは、「何だっていいものは、何だっていい」として、デタラメに選択するしかありません。

たとえば、レストランを選ぶときも、仏の物差しで選びます。その具体的な方法は、すぐあとで解説します。

そうして、入ったレストランで、たとえばまずい料理が出てきたとき、〈俺が金を払ってるのに、なんだ、こんなまずい物を食わせやがって！〉と思えば、腹が立ちます。そこは仏の物差しでもって〈何だっていい〉と思うべきです。

しかし、自分が金を払っているのは事実ではないか。それなのに、まずい物を食わされて泣き寝入りしろと言うのか⁈　そういう反論がありそうです。ですが、そのレストランに入ってその料理を注文した以上、それを食うしかありませんよね。あるいは食わずに出て来れば、いつまでも腹立ちが残ります。それよりは、

〈ああ、きょうはこの料理を食えと、ほとけ様からの命令なんだな……〉

と思って食ったほうがいい。それが「何だっていい」の仏の物差しです。

暑さ・寒さだってそうです。レストランと違って、われわれは暑さ・寒さに文句は言えません。ならば仏の物差しで、《寒時は闍黎《じゃり》を寒殺し、熱時は闍黎を熱殺す》（五四ページ）ればいいのです。暑さ・寒さそのものになりきればよろしい。それが仏の物差しです。

*

で、この仏の物差しと神の物差しをうまく組合せて、わたしたちは現実世界での生き方を考えてみましょう。すなわち、人間の物差し・世間の物差しを使わないで、現実にうまく対処する方法です。「世逃げ」の仕方ですね。

第8章で述べた、インドの民話で考えてみます。

インドの王様は女に、「夫か息子か弟か」の選択を迫りました。おまえはいったい誰を助けたいのだ？　三人のうちの一人を選べ。そうすれば、おまえの選んだ一人を助けてやる。そう言ったのです。

でも、彼女は選んではいけません。この場合は仏の物差しで考えるべきです。「何だっていい」「誰だっていい」のです。選べば失敗しますよ。

だから、「王様、わたくしには選べません。どの人もどの人も、わたくしにとっては掛替えのない人間です」と、彼女は答えるべきです。そして、「どうか王様のほうでお選びください」と言う。それが仏の物差しです。

すると王は、「よしわかった。それじゃあおまえの息子を釈放してやる。息子は若いのだから、まだ悔悛《かいしゅん》の余地がある。おまえは息子を立派な人間にさせなさい」と言ってくれるかもしれません。あるいは、「亭主を釈放してやる。彼は年寄りだから、これから先、いくら悪を続けても、そう長生きはできんからな」と言うかもしれません。いずれにしても王は、世間の物差しで判断します。

だが、世間の物差しには、もう一つの判断があります。

「なに?! おまえは選べんと言うのか?! それじゃあ、三人とも死刑だ」

そういう意地悪い判断を下されたら、彼女はどうすればよいのでしょうか?

と考えると、やはりこれは失敗ですね。彼女はせっかく世間の物差しを放棄して、仏の物差しで考えたのです。つまり、「誰だっていい。自分で選ばない」と思った。にもかかわらず彼女は、その選択を王様に委ねました。王様に委ねたということは、世間の物差しにまかせたのです。それが失敗の原因です。

だから、彼女は選ぶべきです。選んではいけないものを選ばねばならないのです。矛盾です。

どのように選べばよいでしょうか？　もう読者はおわかりですね。

「王様、ありがとうございます。夫か息子か弟か。でも、わたくしには選べません。それで、わたくしに代わってほとけ様に選んでいただこうと思います」

「ほう、おもしろい。では、どのようにしてほとけ様に選んでいただくのだ？」

「王様、ここにわたくしは二つのサイコロを持っております。このサイコロをころがして、出た目が三で割り切れたときは夫を、出た目が三で割って一余るときは息子を、二が余るときは弟を助けてやってください」

そして、彼女はサイコロを振ります。わたしがいま、彼女の代わりにサイコロを振ってみます。わたしはいつも二つのサイコロを持ち歩いています。

⚂と⚅が出ました。だから、夫を助けてくださいになります。

そうすると王様が、「女よ、なかなかおもしろいやり方だな。よし、三人とも釈放してやろう」と言うかもしれません。それは王様が仏の物差しに感化されたのです。

そして、三人とも釈放になれば、真の意味で「めでたし、めでたし」です。

もちろん、夫だけが助かっても、「よかったね」です。

そして、こういう考え方――「デタラメ」思考――をしていれば、たとえ王様が誰か一人を釈放してやると言ってくれなくても、つまり三人ともに死刑になっても、それはそれであきらめがつきます。なぜなら、三人とも死刑になったほうがいいと、仏が判断されたことになるからです。わたしたちにとって、仏からいただくものは「何だっていい」のですから。

Ⅲ　「あきらめ」思考

15　家庭を「世逃げ」の避難所にしよう

わたしは二十年間、気象大学校で哲学の先生をしていました。そのあいだ、ときどき学生から人生相談を受けます。その多くが、自分の進路に関するものでした。

たとえば、この大学をやめて、来年、他の大学を受験したほうがよいか？　それとも、この大学に残るべきか？

そうするとわたしは、机の抽斗《ひきだし》からサイコロを二個取り出し、

「ここでサイコロを振ってごらん。そして丁（偶数）が出たらこの大学に残る、半（奇数）が出たら退学して他の大学を受験する。そのように決めるとよいよ」

と言います。

たいていの学生は怒りますね。

「先生、ふざけないでください。ぼくはまじめに先生に相談に来たのです」

別段、わたしはふざけているのではありません。それは、読者には分かっていただけますよね。

でも、学生は、わたしのやり方をいくら説明しても納得しません。ぷりぷりしながら帰って行きます。

それはそれでいいのです。追いかけて行って、相談に乗ってやる必要はありません。そもそも、自分の進路を他人に相談しようとするのがおかしいのです。

読者も、自分の進路に迷われたとき、会社を罷めようか否か、離婚すべきかどうか、そんな迷いに直面することも多いと思いますが、その迷いを他人に相談してはいけません。他人に相談することは、世間の物差しに依ろうとしているのです。世間の物差しは無責任きわまるものです。そのことは第4章の「イソップ物語」の驢馬を売りに行く親子の例で示しておきました。世間の物差しに依ろうとすれば、あなたは世間の奴隷になります。奴隷になってはいけません。さっさと「世逃げ」をしなさい。

ただし、誤解される虞《おそれ》があるのであわてて付け加えておきますが、他人と相談してはいけないというのは、家族とも相談するなというのではありません。家族とは、いの一番に話し合うべきです。

どだい日本人は、家族のあいだでの会話がありません。

家庭というのは、「砦《とりで》」なんです。イギリスには、

――家は城なり――

という法諺《ほうげん》があるそうです。家庭の中には国家権力も侵入できない。いわば一種の治外法権になっているのです。家庭は聖域だと思ってください。

その点では、孔子が『論語』の中で言っています。

《葉公《しょうこう》、孔子に語りて曰《いわ》く、吾が党《とう》に直躬《ちょくきゅう》なる者あり。其《そ》の父、羊を攘《ぬす》みて、子、之《これ》を証せり。孔子曰く、吾が党の直き者は是《これ》に異なり。父は子の為に隠し、子は父の為に隠す。直きこと其の中《うち》に在《あ》り》(子路18)

葉公というのは、いまの河南省葉《しょう》県の地方長官です。孔子がこの葉公と面談したとき、葉公が言いました。

「わが郷党《きょうとう》(村)には、正直者で評判の躬《きゅう》という男がいます。彼の父がよその羊をごま

かしたとき、子である彼がそれを告発しました」

それを聞いて、孔子はこう答えています。

「わたしどもの村の正直者はそれとはだいぶ違っています。父は子どものために隠し、子どもは父のために隠します。その隠すことのうちに正直さがあるのですよ」

孔子は、家族がたとえ罪を犯しても、それを庇《かば》うのが人間としてのあり方だと言っているのです。

孔子の儒教においても、「家」は聖域とされていたのです。日本の儒教ではそれを歪《ゆが》めて、国家を優先させてしまった。どうも日本人は、宗教を歪めてしまう天才です。

ともかく家庭と家族が大事です。われわれが「世逃げ」をしても、逃げ込む場所は家庭しかありません。しっかりと逃げ込む場所としての「家庭」を準備しておいてください。

＊

ちょっと仏教の話をさせていただきます。

あれは、わたしが同行講師として行ったインド仏蹟巡拝の旅でした。釈迦の誕生の地のルンビニーや、成道の地のブッダガヤーなどの仏蹟に詣でたとき、そこで皆で『般若心経』をお唱えしました。けれども、日蓮宗の信者の人が、「わたしは『般若心経』を唱えたくない」と言われたので、その次の仏蹟では「三帰依文」をパーリ語で唱えることにしました。

《ブッダン・サラナン・ガッチャーミ（わたしは仏に帰依します）
ダンマン・サラナン・ガッチャーミ（わたしは法に帰依します）
サンガン・サラナン・ガッチャーミ（わたしは僧に帰依します）》

これがパーリ語の「三帰依文」です。

すると、ツアー参加者の別の一人が、

「わたしは『三帰依文』が嫌いだ。唱えたくない」

と言われた。びっくりしましたね。日蓮宗や浄土真宗の人が『般若心経』に抵抗を覚えるのは分かります。しかし、「三帰依文」が嫌いと言われた人は初めてです。理由を訊くと、

「日本のお坊さんは酒を飲み、女を抱いている。そんな僧に帰依したくない。仏と法だけ

であれば、帰依できる」

と答えられました。ツアー参加者のうちには数人の僧侶がおられたのですが、その人は堂々と主張されるのです。

その場では、とっさにその提起された問題に応えられなかったのですが、その夜のミーティングのときに、わたしは皆に解説しました。

パーリ語の「三帰依文」をそのまま訳せば、

「わたしはブッダというサラナに行きます。

わたしはダンマというサラナに行きます。

わたしはサンガというサラナに行きます」

となります。〝サラナ〟というのは「避難所」という意味。わたしたちは世の荒波の中で生活していますが、それゆえに苦しみが絶えません。その荒波の中で苦しくなったとき、「わたしは、ブッダとダンマとサンガという避難所に逃げ込みます」

といった決意表明が「三帰依文」です。ブッダは仏で、ダンマは法（仏の教え）です。

つまり、わたしたちは世間の物差しを使っているから世間の奴隷になっている。そして苦しんでいます。だからわたしたちは仏の物差しを持つのです。そうすると自由になれます。だから、「三帰依文」は「世逃げ」の決意表明ですね。

問題は「サンガ」です。

〝サンガ〟は漢訳仏典では〝僧伽《そうぎや》〟と訳され、その省略形が〝僧〟です。ですが、この言葉の原義は「集まり」であって、別段お坊さんのことではありません。もちろん出家者の集団もサンガ（僧伽）ですが、在家信者の集団だってサンガです。

とすると、われわれ在家信者にとっては、これは「家」だと考えるべきです。外でいじめられた子が泣きながら家に帰って来るように、わたしたちは世の荒波にもまれて苦しくなったとき、家庭というサラナ（避難所）に逃げ込むのです。それが「サンガン・サラナン・ガッチャーミ」です。

ですが、いまの日本人は大まちがいをやらかしています。会社でいじめられて苦しくなったとき、人々は赤提灯に行っておだをあげます。それだと、

「アカチョウチン・サラナン・ガッチャーミ」

にしかなりません。わたしたちは逃げ込める避難所としての「家庭（サンガ）」をつくく

らないといけない。それをつくったとき、はじめて仏教者になれるのです。
わたしはそう解説しました。ツアー参加者たちはみんな納得してくれたようです。

16　正解は一つではありません

日本人はおかしな学校教育を受けたもので、

――正解は一つ。ただ一つしかない――

と思い込んでいます。おかしな学校教育というのは、たとえば理科のテストで、「氷がとけたら何になりますか？」といった問題には、「水」と書かねばなりません。「春」と答えた子どもは「×」になります。わたしなどは、「氷がとけたら春になる」のほうが好きです。でも、わたしがそう言えば、小学校の先生は、「だって理科のテストでしょう。国語じゃないんだから」と応答されますが、理科だって天文や気象を教えているのでしょ。それなら、氷がとけると季節は春になるのですよ。

誰かが言っていましたが、アメリカの小学校ではこんな問題が出るそうです。

「1個2ドルのドーナツを、3個買うと5ドルに負けてくれます。ジョンくんは5ドルを出してドーナツを3個買いました。ジョンくんはいくら得をしましたか？」

すると日本人の小学生は、1個2ドルのドーナツは3個だと6ドルになる。しかし、それを5ドルに負けてもらったのだから、差し引き1ドルの得になる。と計算します。

アメリカの小学生だって、そういう計算をする子もいます。しかし、もっと違った答えを出す子もいるんです。

ぼくはドーナツを1個だけ食べたいんだ。それなのに5ドルも払ったのだから、3ドル損をした。

ぼくは、買ったドーナツの2個を二人の弟に2ドルずつで売った。だから、1ドルで1個のドーナツを食べられたのだ。1ドルの得になる。

ぼくには弟が一人しかいない。弟に1個を2ドルで売ってやり、1個は捨てた。だから、3ドルで1個のドーナツを食べたことになり、1ドル損をした。

日本の学校教育では、このような柔軟な発想は育ちませんね。

いいえ、わたしが言いたいことは、学校教育の問題ではありません。人生において迷いが生じたとき――誰だって迷うのです――、わたしたちは不幸な教育のおかげで、その窮地から脱出するためにはどうすればよいかと考え、

――ただ一つの正解――

を求めようとします。それが困るのです。

正解は一つではありません。さまざまな正解があります。

いや、もっと大事なことは、

――正解なんてない――

という考え方です。人生の問題には、「正解」なんてないのです。あなたが会社を罷めるか・罷めないかで迷い、悩んでいます。そのとき、きっとあなたはいずれが「正解」だろうか……と、試験問題を解く場合のように考えているのでしょうが、それが大まちがい。人生はやり直しがきかないから、AとBの二つの道を生きることはできません。二つを生きてみて、こちらのほうが正解だったと決めるわけにはいかないのです。

ならば、AとBのいずれが正解なのか分かりません。

ということは、「どちらでもいい」のです。会社を罷めてもいいし、罷めなくてもいい。

離婚してもいいし、しなくてもいい。どちらでもいい。何だっていいのです。そこで、仏におまかせします。仏にどちらかを選んでいただく。仏の物差しによるのです。

そして、仏に選んでいただいたその道を、あなたは歩きます。あなたはその道を歩むことによって、それを「正解」にするのです。それが仏教者の生き方だと思います。

＊

――繫《け》驢《ろ》橛《けつ》――

といった言葉があります。禅の世界で言われるものです。

〝橛〟は杭《くい》です。驢馬《ろば》が杭に繫《つな》がれています。それが「繫驢橛」なんです。

そうすると、驢馬は逃げようとします。あるいは、遠くにある牧草を食べたいと思って、動き回ります。でも、縄でもって杭に繫がれているのですから、杭の周りをぐるぐる動き回るはめになります。で、縄が杭に巻きついてだんだんに短くなり、ついには動けなくなります。いわゆる自縄自縛の状態になるのです。それが「繫驢橛」。

そんなの、逆回りすればいいじゃないか。すると縄がほどけてくる。わたしたちはそう思いますが、驢馬にはそんな知恵はありません。自分で縄を短くしておいて苦しんでいるのです。

いや、驢馬を笑ってはいけません。人間だって驢馬とそう変りはありません。精神科医が言っていましたが、神経症の患者の「とらわれ」の状態がまさに「繫驢橛」だそうです。開いている窓から部屋に飛び込んで来た雀が、同じですね。外に逃げようとして、雀は、閉まっている窓ガラスにぶつかってバタバタしています。「おまえさん、入って来た所から逃げ出せばいいんだよ」と教えてやりたくなりますが、雀にはそれが見えないのです。

人間だって同じですよ。苦境におちいった人間は、出口を求めてもがき苦しみます。冷静になれば、ちゃんと出口はあるのに、もがき苦しんでいる人間にはそれが見えません。出口でもない所から逃げ出そうとして、あたふた、じたばたしています。驢馬や雀を笑えませんね。

では、どうすればいいのでしょうか？

たいていの人生相談では、回答者は、

「落ち着いて、冷静になって、本当の出口を見つけなさい」

と言うでしょうが、そんなこと、できっこありませんよね。それが見つからないから、もがき苦しんでいるのです。

わたしのアドヴァイスは違います。

わたしは、どうせ逃げられないのであれば、きれいさっぱり、「あきらめなさい」と言いたいですね。杭に繋がれた驢馬が、逃げようとしてぐるぐる回れば「繫驢橛」になります。そうであれば、縄が長いままで、動ける範囲を楽しく動いたほうがいいでしょう。閉じた窓ガラスの外に出られない雀であれば、窓ガラスにぶつかって痛い思いをするだけ損です。それであれば、むしろ部屋の中でのんびり遊んでいればよろしい。そのうち家の人が見つけて、外に逃がしてくれるかもしれません。でも、ひょっとしたらお婆さんに舌を切られ、お爺さんに焼鳥にされるかもしれませんが、それはそれで「あきらめる」こと。

これが、わたしの提唱したい、
――「あきらめ」思考――
です。人間、あきらめが肝心ですぞ。昔の人はそう言っていました。

17　三角関係における一辺は「無関係」

「どうやら娘が妻子のある男性と付き合っているらしい。どうしたらこれをやめさせることができるだろうか？」

昔、雑誌の「人生相談」に、そんな相談が寄せられていました。回答者は手厳しく、「そんな娘さんはすぐに家から追い出しなさい。甘やかしてはだめですよ。家から追い出して、苦労させなさい」と言っていました。じつは、その回答者は、若いころに激しい男出入《おとこでいり》で評判になった女流作家です。〈あれれ、この女性《ひと》は、自分の過去を忘れてしまったのだろうか……？〉と、わたしは思いましたね。

ともかく、世間というものは無責任なものです。自分のことは棚上げにして、他人に対しては厳しく批判します。読者の身の回りにも、そういう人が大勢いますよね。

いえ、わたしは、人生相談の回答者の非をあげつらうつもりはありません。わたしがこれを書いているのは、そこで提起された問題そのものを考えてみたいからです。ただし、わたしは、相談者にわたしのアドヴァイスを与えようというのではありません。「どうすればよいか?」と問われたら、わたしは「自分で考えなさい」と答えるだけです。「どちらがいいですか?」と問われたら、「サイコロで決めなさい」と答えます。手紙などによる相談には、いっさい返事を書かないことにしています。

わたしが、人生相談の問題そのものを問題にしたいのは、相談者が、思うがままにならないことを思うがままにしようとして苦しんでいるからです。思うがままにならないことは、思うがままになりません。だから、思うがままにならないことを、思うがままにしようとしてはいけない。それが仏教の教えです。その仏教の教えさえ分かっていれば、この相談者の悩みはなくなります。なくならないにしても、少しは軽減されるでしょう。そういうことを言いたいのです。

もっとも、これだけでは、読者も分かったようで分からないでしょう。そこで少し仏教の考え方を解説することにします。

*

〝四苦八苦〟という言葉がありますね。辞書（『大辞林』）には、

《①非常に苦しむこと。大変苦労すること。「金策に――する」②〔仏〕生老病死の四苦に、愛別離苦・怨憎会苦《おんぞうえく》・求不得苦《ぐふとくく》・五陰盛苦《ごおんじょうく》の四苦とを併せたもの。人間のあらゆる苦しみ》

と解説されています。ここでは②の仏教語としての〝四苦八苦〟が問題です。

最初の四苦は、生まれる苦しみ・老いる苦しみ・病む苦しみ・死ぬ苦しみです。

次の四苦は、愛する者と別離する苦しみ・怨み憎む者に会わねばならぬ苦しみ・求めるものが得られない苦しみ・五陰（肉体と精神）が盛んであることによって生じる苦しみです。

最初の四苦と次の四苦を合わせると八苦になります。それで四苦八苦というのですが、まとめてみると人間のあらゆる苦しみになります。

以上が『大辞林』の解説ですが、じつは、この〝苦〟という言葉の意味が、原語のサン

スクリット語の〝ドゥフカ〟といささか違っているのです。漢訳仏典は〝ドゥフカ〟を〝苦〟と訳しているから、これは「苦しい」といった意味ですね。でも、サンスクリット語の〝ドゥフカ〟だと、本来は「思うがままにならない」といった意味です。

そうすると、よく分かるのではないでしょうか。老いること・病むこと・死ぬことは、われわれの思うがままにならないことです。愛する者と別れることだって、思うがままにならない。怨み憎む者と会わねばならぬことも、やはり思うがままにならないことです。

にもかかわらず、わたしたちはそれを思うがままにしたいと思う。いつまでも若くありたい・病気になりたくない・死ぬのはいやだ、と、思うがままにならないことを思うがままにしようとします。そのとき、苦しみが生じます。だから、漢訳仏典は〝苦〟と訳したのです。

ということは、思うがままにならないことは、思うがままにしようとしなければいいのです。われわれは、思うがままにならないことを思うがままにしようとして苦しんでいるのだから、思うがままにならないことを思うがままにしようと思わなければ苦しむこ

とはないのです。つまり、わたしたちは勝手に苦しんでいます。そこで、結論的に言えば、

——苦にするな！——

が、釈迦の教え、すなわち仏教の教えになります。

＊

これでお分かりでしょう。母親は娘の不倫をやめさせたいと思っています。不倫をやめさせるには、まず娘の気持を変えさせねばなりません。だが、そんなことができるでしょうか？　わたしたちは、自分の気持を変えることすらむずかしい。思うがままになりません。わたしなんか、〈きょうは原稿を書くぞ！〉と思っても、どうしても気が乗らないことがあります。それで一日中、ぶらぶら、あれこれ、無駄な時間を過ごすことになるのです。まあ、もっとも、その「無駄な時間」が「必要な時間」であることはしっかり認識していますがね……。

ところで、わたしは一個の定理をつくりました。

――三角関係の一辺は無関係――

というものです。〝三角関係〟といえば、夫と妻と夫の愛人といったような不倫の関係が連想されますが、ここでいう「三角関係」は一般的に三者のあいだの関係です。人間関係は、すべて要素的には三角関係に分解することができます。

次ページの図を見てください。わたしがいて、わたしと関係のあるAさんがいて、またわたしと別の関係があるBさんがいます。このAさんとBさんは「無関係」だと、わたしは言いたいのです。あなたの隣家の人（A）と、職場の同僚（B）とは無関係ですね。

もっとも、その無関係だと思っていたAとBが、じつは中学校の同級生であったということが、あとから判明することがあります。関係があったのです。また、あなたとあなたの夫（A）、あなたの娘（B）の三者の場合、AとBのあいだには親子という関係がありますす。だから、AとBとがいつでも無関係というわけではありません。だが、にもかかわらずAとBは「無関係」だと、わたしは言いたいのです。

お分かりになりますか。あなたは、いついかなる場合でも、Aとの「関係」を変更することができます。そして、Bとの「関係」も変更可能です。夫（A）との「関係」は離婚

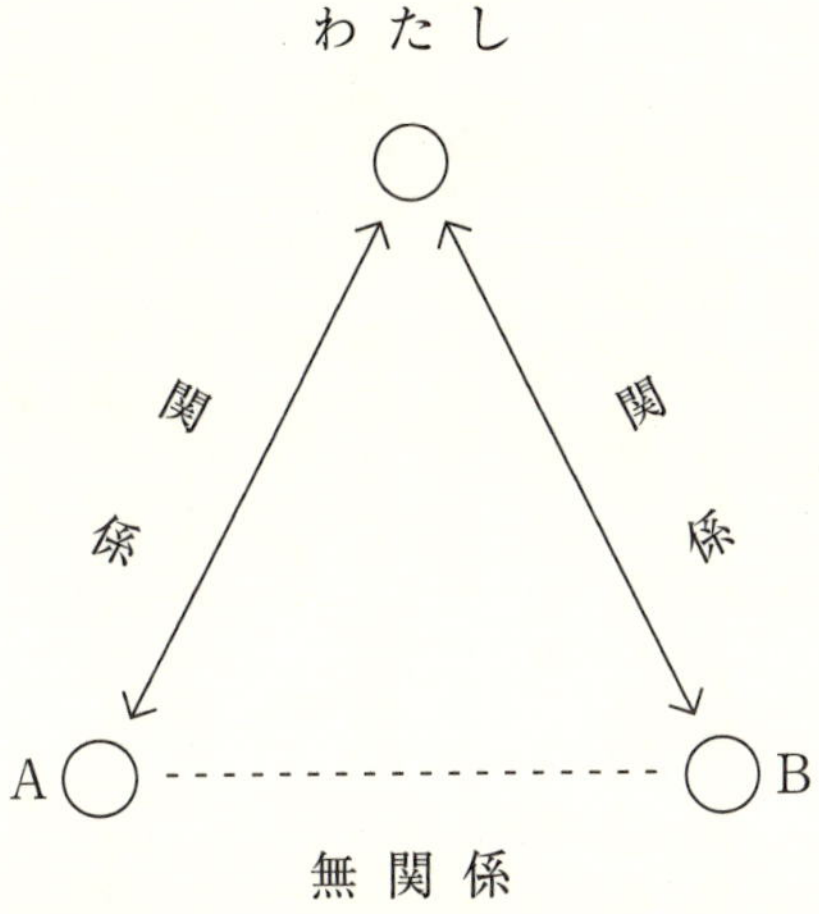

によって変更できますし、娘（B）との「関係」も家を追い出すことができます。同じ職場の同僚であるAとBですが、あなたとA、あなたとBとの「関係」はあなたの努力によって変更可能です。ですが、いずれの場合も、あなたの努力だけによってAとBとの「関係」を変えさせることはできません。あなたが離婚した夫を、あなたの娘もやはり嫌いになってほしいと思っても、それは無理ですね。あなたの娘が父親を好きになるか嫌いになるかは、娘の自由です。娘があなたに命令されて、父親を好きになったり嫌いになったりするわけがありません。

したがって、AとBとの関係は、あなたに

は「無関係」です。つまり、三角関係の一辺は「無関係」。それがわたしのつくった定理です。

これを仏教の言葉で言えば、あなたとA、あなたとBとの「関係」は、ある程度あなたの思うがままにつくっていくことができます。しかし、あなたは、AとBとの「関係」をあなたの思うがままにはできません。したがって、あきらめざるを得ないのです。

にもかかわらずわれわれは、AとBとの「関係」を自分の都合のよいようにしたいと思って悩みます。馬鹿ですねえ。職場に、あなたが嫌いなAがいます。いわば敵です。そして、あなたが味方だと思っているBがいる。あなたにすれば、BもまたAを嫌ってほしいと思うのですが、いかんせんBとAが仲良しなのです。あなたは嫉妬しますね。〈なんであんなAみたいな野郎を、Bが嫌わないのだ?!　けしからん〉と思うでしょうが、AとBとの「関係」は、あなたの思うがままにならないことです。それを思うがままにしようとするから、あなたは悩み、苦しむことになります。

だから、母親には、娘（A）と娘の不倫相手の男性（B）との「関係」を思うがままに変えさせることはできないのです。思うがままにできないことは、思うがままにしようと

しないこと。つまり、あきらめること。それが、母親にとっての問題解決です。わたしは
そう思います。

18　酸っぱい葡萄なら不必要

またしても「イソップ物語」です。

狐が葡萄《ぶどう》棚の下で、うまそうな葡萄を食べたくなりました。で、ジャンプして葡萄を取ろうとします。しかし、いかんせん、葡萄には届きません。

狐は二度、三度、ジャンプを繰り返しました。だが、失敗です。狐のジャンプ力では、葡萄を手に入れることは無理なようです。

そこで狐は言いました。

「あの葡萄は酸《す》っぱい」

よくご存じの話ですね。

ところで、〝酸っぱい葡萄〟は、英語で言えば〝サワー・グレープス (sour grapes)〟

です。これを辞書で引くと、「負け惜しみ」といった訳語が出てきます。ということは、狐が言った「あの葡萄は酸っぱい」は負け惜しみの言辞です。そして、そんな負け惜しみの言辞を弄《ろう》する狐は卑怯《ひきよう》だ！　泣き言を言うな！　そんなふうに英語を使用する人々は考えているのですね。

だとすると、わたしの「あきらめ」思考のすすめは、欧米人から反撥を食いそうです。

日本には小野道風《おののとうふう》（八九四―九六六）の話があります。

小野道風は平安時代の名筆家です。しかしこの話は、浄瑠璃《じようるり》『小野道風青柳硯』に出てくるもので、たぶん江戸時代につくられた教訓話だと思います。

ある雨の日、小野道風は池の畔《ほとり》を散策していました。すると蛙が一匹、柳の枝に飛び付こうとしてジャンプします。もちろん、失敗します。でも、蛙はあきらめません。二度、三度とジャンプするのです。道風はじっと見ています。暇人《ひまじん》ですね。そして最後に蛙は成功しました。

《……我身《わがみ》を知らぬ虫螻蛄《むしけら》の愚さと見る中に、初めは一寸又《また》二寸、五寸飛び七寸飛び、ついに枝に取付たる魂のすさまじさ、虫と見て侮るべからず、……》

と、見ていた道風は感心します。そして、蛙ですら努力をするのだから、人間である自分はましてや努力をせねばならぬと、書道の道に邁進《まいしん》しました、といった教訓話です。だとすると、わたしが「あきらめ」思考を提唱すれば、小野道風から叱られそうです。いえ、道風ではありません。こういう教訓話を創作した江戸時代の日本人から、そしてその血を承《う》け継いでいる現代の日本人から叱られそうです。

*

でも、まちがえないでください。わたしは、「努力するな！」と言っているのではありません。「意味のない努力をするな！」と提唱しているのです。

意味のない努力とは、思うがままにならないことを思うがままにしようと考えてする努力です。

たとえば、たばこはやめようと思えば、すぐにやめられます。と、わたしが言えば、読者のうちには、アメリカの小説家のマーク・トウェイン（一八三五―一九一〇）のあの名言を思い出して、にやりとしておられる人もいるでしょう。

《たばこをやめるなんて、とてもやさしいことだ。わたしはもう百回以上も禁煙している》

でも、こんなのは本当の禁煙ではありません。わたしの言っているのは正真正銘の禁煙。それは、あなたが努力さえすればすぐにできることです。そういう努力はぜひやってください。意味のある努力です。

けれども、あなたが学校の成績を一番にしようと思ったり、会社で取締役にまで出世しようと思ったとしたら、それは思うがままになることではありません。そう思ってする努力は意味のない努力です。

なぜなら、学校には大勢のクラスメートがいますし、会社にも大勢の同僚社員がいます。その同級生や同僚のうちにあなたより優秀な者がいれば、あなたの夢は実現できません。

十七世紀、フランスのモラリスト（モラリストというのは、人間性の観察者です）のラ・ブリュイエール（一六四五―九六）は、

《この世では、出世するのに二つの方法しかない。自分自身の努力によるか、それとも他人の愚かさによるか》

と、なかなか辛辣《しんらつ》なことを言っていますが、これはまちがいです。人間は自分の努力だけでは出世できません。自分より優秀な人間がいないという条件があって、それに努力が加算されて出世できるのです。あるいは、自分より優秀な者が失敗してくれることによって、わたしの出世が可能になります。ラ・ブリュイエールの言葉は、その意味では半分だけ当たっています。

ともかく、わたしに言わせれば、そんな無意味な努力はやめたほうがいいですね。思うがままにならないことを思うがままにしようとすれば、あなたは他人の失脚を願う品性下劣な人間になってしまいます。見てごらんなさい、あなたの周囲を。全部が全部とは言いませんが、努力して成功した人間に品性下劣な者が多いでしょう。あまり努力しないで、自分の実力か親の七光りで出世した人のほうが、人間性が豊かなようです。努力主義者はどうしてもけち臭くなります。

だから、出世なんてあきらめなさいよ。

出世ではなしに「世逃げ」をしなさい。〝出世〟は「世に出る」ことなんでしょうが、反対に「世から出た」ほうがいいですよ。

それに、かりに出世したとしても、大したことはありません。ちょっとした企業の社長になっても、何十億の年収があるわけではない。せいぜい三千万円か四千万円でしょう。それで記者会見をやって、テレビの前で深々と頭を下げねばならない。世間の奴隷になって——出世のために努力をすることは、世間の物差しを後生大事と守らねばならないのだから、世間の奴隷になることです——あくせくやって、挙句の果ては刑務所に入る人もいます。馬鹿々々しいと思いませんか。年収五百万円か七百万円ぐらいで、のんびりやったほうがいいと思います。

ただし、別段さほどの努力もしていないのに、僥倖《ぎょうこう》に恵まれて出世したのであれば、それはそれでいいのです。大いに出世を楽しんでください。

＊

そこで、「イソップ物語」の狐になり代わって申し上げます。

「あなたがたは、わたしが〝あの葡萄は酸っぱい〟と言ったのを〝負け惜しみ〟と断定し、〝負け惜しみを言うな！〟と言われますが、実際、飛び付いて葡萄を手に入れたとしても、その葡萄が酸っぱいかもしれないじゃありませんか。努力に努力を重ねてようやく大臣という葡萄を手に入れた人が、ちょっとした失敗でマスコミに叩かれ、自殺するはめになります。すると、葡萄は思ったほどうまくはなく、酸っぱかったのですよ。それなら、そんな葡萄はあきらめたほうがよい。わたしはそう思って、〝あの葡萄は酸っぱい〟と言ったのです。そしてジャンプするという努力を放棄した。まあ、わたしのその言葉が舌足らずと言われるのであれば、わたしはこう言い直しましょう。〝あの葡萄がうまいか酸っぱいかは分からぬ。確率フィフティ・フィフティで酸っぱい。酸っぱい葡萄であれば、手に入れる必要はない。だからわたしは葡萄をあきらめて、のんびり昼寝をすることにする〟と。これなら賢者の言葉になるんでしょ」

「そうだ！　その通り！　それがわたしの教えたかったことなんだよ。わたしは〝出世間〟の教えを説いた。出世間というのは、〝世逃げ〟なんだ。狐くん、きみは美事に〝世逃げ〟をしたよ。きみこそ仏教者だ！」

と、これは釈迦の言葉のつもりです。欧米人が狐の「負け惜しみ」を批難するにせよ、仏教が狐を非難するはずはありません。むしろ褒めるだろうと思います。お釈迦様を登場させるのが畏れ多いと言われるなら、これはわたしからの、狐に対する「パチパチ」拍手だと思ってください。

そして、次の言葉は、お釈迦様がきっと言われるだろうと思います。

「小野道風の蛙くん、きみは馬鹿だ。きみが努力して飛び付いたところで、たかが柳の枝じゃないか?! そんなものが何になる。馬鹿げた努力はやめなさい!」

19　欲望を充足させるとますます肥大化する

猩々《しょうじょう》という動物がいます。いえ、実際にはいませんよ。猩々は中国人のつくった、空想の動物です。一説によると、オラン・ウータンがモデルのようです。

猩々は海中に生棲し、赤くて長い頭髪を持ち、人間の言葉をよく理解します。そして、なぜか無類の酒好き。

そこで、猩々を捕獲するには、酒を使います。

海岸に酒樽と柄杓《ひしゃく》を並べ、あたりに生えている草を抜かずに、そのまま靴の形に編んでおく。これで舞台装置は完了です。

そうすると、酒の匂いにつられて、猩々たちが海から上がって来ます。酒樽の前に集まるのですが、彼らも警戒していて、なかなか酒を飲もうとしません。じっと酒樽を見つめたままです。

そのうちに誰かが言い出します。

「われらのお上人が〝酒を飲んじゃいかん〟と教えられているが、ここにある柄杓でもって飲むようなことをしてはいけない。けれども、指でちょっとなめる程度であれば、許されるのではなかろうか……？」

「そうだ、その通りだ。指でなめる程度であれば許されるのだ」

大勢が賛成します。

でも、指で酒をなめているうちに、少しは酔いがまわってきます。すると気が大きくなり、

「なに、たった一杯であれば、この柄杓で飲んでもいいだろう」

となり、さらには、

「酔っ払わない程度に飲むのは許されよう」

となります。それは当然の進行です。そして、

「たとえ酔っ払ったところで、ここにある草で編んだ靴に足を入れなければいいんだ」

となり、次には、

「いや、靴に足を入れてもいいんだ」

となります。そして、全員が草で編んだ靴に足を入れて、じっとしています。だが、じっとしているのは苦痛です。酒の酔いがまわっているのですから。

挙句の果ては、全員がたまらなくなって、歌を歌いはじめ、踊ろうとします。けれども、靴は大地に固定されていますから、足が持ち上がりません。いっせいに全員が引っ繰り返ります。そこを、待っていた村人たちが襲って、猩々を捕獲します。

酒飲みの心理がうまく利用されていますね。

だが、問題は、酒だけではありません。あらゆる欲望が肥大します。欲望が充たされることによって、われわれは満足できないのです。欲望が充たされると、さらに欲望が膨らむだけです。

宝石貴金属組合の発行するパンフレットにありましたが、ジュエリーの購買意欲は、自分がすでに持っているジュエリーの個数に応じて高まるそうです。三個しかジュエリーを持っていない人より、七個持っている人のほうが購買意欲が高い。一個も持っていない人は、購買意欲はほとんどありません。また、過去一年間にジュエリーを一個でも購入した人のほうが、購入しなかった人より購買意欲が高いのです。

「このようにジュエリーは、持てば持つほど、買えば買うほど、ますます欲しくなる不思議な商品です」

と結論づけられていましたが、なに、これ、ジュエリーにかぎったことではありません。あらゆる商品が、買えば買うほどますます欲しくなるのです。ポンコツの中古車を運転していれば問題はないのに、高級車を購入すると、より高級車に買い替えたくなるようなものです。

出世だって同じです。出世すればするほど、より高い地位を求めたくなります。欲望は、常に肥大化する傾向にあります。

だからこそ仏教は、

――少欲知足――

を説いています。あなたの欲望をちょっと少なくしなさい（ゼロにせよというのではありませんよ）、そして、これで充分ですといった、足るを知る心を持ちなさい。それが釈迦の教えです。

したがって、わたしたちは、欲望を肥大化させるような努力をしてはいけません。係長から課長、課長から部長、そして局長、取締役と、次から次へと欲望を高めるような努力は、意味のない努力です。そんな努力をしていると、あなたはくたくた、ぼろぼろになってしまいますよ。あなたは確実に会社人間になり、家庭を無視します。だから、あなたが退職金を受け取ったとき、奥さんはそれを慰謝料に離婚を宣言するでしょう。

出世（世に出る）しようとしたのがあなたのまちがい。あなたは「世逃げ」をすべきだったのです。「世逃げ」をして、マイホームに逃げ込むべきでした。

ともかく、「あきらめ」なさい。〝あきらめ〟というのは、断念することだけではありません。あなたのしようとする努力が、意味のある努力か・意味のない努力かを明らかにすることです。必要な努力か・無駄な努力か。他人を傷つけることになる努力か・それとも他人に迷惑をかけない努力か。努力をした結果、あなたが精神的満足を得られるか・むしろ欲望が肥大化するか。努力には二種類があります。そこをしっかりと明らかにするのです。したがって、〝あきらめ〟は「明らめ」なんです。

その「あきらめ」た結果、それが必要な努力であり、他人を傷つけることにもならず、それによって精神的に満足が得られるのであれば、あなたは努力すべきです。つまり、楽しくやる努力であれば、それはやっていい努力です。仏教語では、それを、

——精進《しょうじん》——

といいます。小さな子どもが母親と一緒に買物に行くとき、あちこちのお店の看板の読める字だけを拾って読んでいます。そして、少しずつ母親に新しい字を教わる。あれが精進です。子どもは楽しい精進をしています。ところが、その子どもが小学校に入ると、突然、勉強が嫌いになる。小学校では他人と競争させられて、その上での努力が要求されるからです。それはまちがった努力です。まちがった努力はしないで、楽しい精進をしましょうよ。仏教はそう教えているのです。

20　死に神は一日の執行猶予もくれない

――一杯目は人が酒を飲み、二杯目は酒が酒を飲み、三杯目は酒が人を飲む――

と言われています。「軽く一杯」ということで人が酒を飲み始めます。すると、体中に入ったアルコールが、次の酒を求めます。酒が酒を要求し、ついには酒が人を飲むようになります。それが酒飲みの定石。

最初の一杯を抑制すれば、へべれけになることはありません。しかも、最初の一杯をあきらめることは簡単です。猩々も、指でなめるようなことはせず、酒樽をさっさとあきらめて、マイホームという海に「世逃げ」すればよかったのです。そうすれば、捕獲されずにすみました。

ともかく最初の一歩が危険です。われわれは、〈これぐらいならいいだろう……〉と思って、誘惑に負けてしまいます。その「ちょっとこれぐらい」の誘惑を振り切れば、あとは楽なんですよ。

でも、世間の誘惑は執拗です。なかなか振り切ることができない。ですから、最初の最初から「世逃げ」をしておかないといけないのです。

そして、世間を疑ってかかるのが「世逃げ」の秘訣《ひけつ》です。いや、まちがいです。疑ってかかれば、逆に世間にしてやられます。疑ってかかることは、相手の土俵に上ることになります。手品師のトリックを見破ってやろうとする人は、あんがい簡単に手品に引っ掛かるそうです。無心でいる子どものほうが、「おじちゃん、そこにある紐は何なの……?」と、大事な種を見破ってしまうと聞きました。だから、「世間を疑ってかかって」はいけません。そうではなくて、

——世間を信用しない、世間を馬鹿にする——

のが「世逃げ」の秘訣です。一所懸命努力すれば、出世できるよ。そう言われても、信用しちゃいけません。

どこかの神社に、その神社のお札を持っていたために海難を免れた人のお札の奉納の額

が飾ってありました。神主さんが、「ほれ、こんなにたくさんありますよ」と自慢しましたが、ある女性が、

「でも、お札を持ちながら海難で死んだ人は、ここに恨みの額は掲げられませんわね」

と言いました。彼女は夫と息子を海で失ったのです。

努力して成功した人は自慢できます。しかし、努力に努力を重ねたのですが、運が悪くて落ちこぼれになった人が、

「努力したってだめだ。わたしは努力はしたが成功しなかった」

と文句を言っても、「それはあなたの努力が足りなかったからだ」と、軽くいなされてしまいます。世間とは、そういうものです。

しかし、努力はしたが成功しなかった。そういう人のほうが、きっと圧倒的多数ですよ。だって、あなただって、これまで一所懸命やってきたではありませんか。すごい努力をした。にもかかわらず、あなたはその程度です（失礼！）。努力の馬鹿々々しさは、あなたがいちばんよくご存じだと思います。

＊

もう一つ、意味のない努力があります。

未来のことを夢見てする努力です。

出世のための努力も未来を夢見てする努力ですが、ここではむしろ金銭的な生活設計を考えてみます。

子どもと母親との問答です。

「お母ちゃん、ぼく、なんで塾に行って勉強せんとあかんのや……？」

「そら、ええ高校に入るためや」

「なんで、ええ高校に入らなあかんのや？」

「ええ大学に行くためや」

「なんで、ええ大学に入らんとあかんのや？」

「ええ会社に入るためや」

「なんで、ええ会社に入らんとあかんのや？」

「そら、ええ会社に入ったら、月給たくさん貰《もろ》て、幸せになれるやんか。そやから、いま塾に行って、しっかり勉強せんとあかんのや……」

子どもはしばらく考えて、呟《つぶや》くがごとくに言いました。

「そやけど、ぼく、いま塾なんか行かんほうが幸せなんやけど……」

そういえば、江戸の小咄《こばなし》にありましたね。

昼寝をしている若者に、大家さんが説教します。

「若い者が昼寝をしているなんてけしからん。若いうちはせっせと働きなさい」

「ですが、大家さん、働いてどうなるんで……？」

「そりゃあ、お金が儲かる」

「儲けて、それでどうなるんで？」

「自分のお店が持てるようになる」

「それから……？」

「そのお店が繁昌すれば、おまえは番頭さんにお店を任せて、ゆっくり昼寝のできる身分になれる」

「ですが、大家さん、その昼寝をあっしはいま楽しんでいるんですぜ」

未来のために現在の幸福を犠牲にする。そんな生き方を、日本人は伝統的にやってきたようです。しかし、未来に期待しても、未来はどうなるかわかりませんよ。四三ページでも言及しましたが、なにせ日本の国家の借金は、国民一人当たりにして六五五万円もあるそうです。国家はこんな借金を返せません。日本はもうすぐ世界銀行の管理下に置かれるでしょう。あるいは一千倍ぐらいのインフレになるかもしれません。そうすると、いくら蓄えていたところで、貯金は全部パア。あなたが持っている財産は、全部国家の借金の返済のために奪われてしまいます。日本人は、そんな経験を敗戦のときにしたのですが、おめでたいことに忘れてしまっています。

世間を信用しちゃいけません。国家はもっと信用できない。われわれは「世逃げ」をしましょう。「世逃げ」をするということは、未来のことを考えない。老後のことを考えない。われわれが未来のことを考えて年金の保険料を納めてきたのに、将来はその年金がどうなるか分からないありさまです。信用するだけ損をします。

では、どのように生きればよいか?

アラブの世界には、こんな小咄があります。

ある死刑囚が王様に釈放を願い出ました。自分を釈放してくれれば、その代わりに王様が持っている白馬を、空飛ぶ馬にして差し上げます、と交換条件を出しました。王様は一年の執行猶予をつけました。一年以内に愛馬が空を飛べるようになれば、おまえを釈放してやる、というわけです。

獄に帰って来た囚人は、小躍りせんばかりに喜んでいます。

仲間の囚人は、どうせ一年もすれば死刑になるのに、そんなに喜ぶなんて、おまえは馬鹿だ、と言います。それに対して、その囚人はこう言ったのです。

「いいや、これは俺のほうが喜んでいいことなんだぞ。いいか、ひょっとしたら、一年のあいだに王様が死んでしまうかもしれない。また、一年のあいだに俺が死ぬかもしれん。それに、一年のあいだにあの白い馬が死ぬかもしれん。そしてもう一つ、ひょっとしたら一年のあいだにあの馬が空を飛べるようになるかもしれない」

そうなんです。先のことはわかりませんよ。一年の執行猶予を貰ったら、その一年を楽しく生きればいいのです。そして、一年たったら、また考えればいい。何かいいアイデアが浮かんでくるかもしれません。何もなくても、一年後に死刑になっても、ともかく一年分だけは楽しく生きたのだから、それでいいではありませんか。

そういう生き方が、「世逃げ」をしたわたしたちの生き方になると思います。

そして、よく考えてください。わたしたちは誰も、死に神から一年分の執行猶予すら貰っていません。一日分、一時間分の執行猶予さえない。それが人間の運命なんですよ。

Ⅳ 「いい加減」実践

21　ゆっくり歩けば見つかるすばらしいもの

俳聖・松尾芭蕉《ばしょう》（一六四四―九四）の句に、
《よくみれば薺《なずな》花さく垣ねかな》
があります。

薺は春の七草の一つで、野原や道のほとりなど、いたるところに生える雑草です。花が咲いたあとに、三味線の撥《ばち》に似た三角形の平たい実を結ぶところから、〝三味線草〟〝ぺんぺん草〟などの名もあります。

わたしは大阪人のせいか、昔から、松尾芭蕉よりも与謝蕪村《よさぶそん》（一七一六―八三）のほうがなんとなく好きなんですが、蕪村の句には、
《妹《いも》が垣根さみせん草《ぐさ》の花咲《さき》ぬ》

があります。でも、両句を並べて比較するようなことはしないでおきましょう。それぞれの特色がよく出た両句です。
たしかにぺんぺん草は雑草です。だが、雑草だからつまらないというのは、それこそつまらない考え方です。そもそも「雑草」とは、
《人が管理している土地に生え、管理対象に悪影響を与える望まれない植物、とくに草本植物を雑草とよぶ》(『日本大百科全書』)
と定義されています。田や畠に生える草は、作物が必要とする水分や養分、あるいは太陽光線を奪います。公園に生える草は、公園の美観を損ねますし、病害虫の繁殖を助長します。だから「雑草」になるんです。同じ草が山野にあれば、立派な「野草」になります。人間の勝手な定義です。
だが、芭蕉にしろ蕪村にしろ、さすが詩人は違います。そんな人間の勝手な定義に束縛されることなく、垣根に咲く三味線草にふと目をやる。そんな心の余裕があります。
そして、その心の余裕は、ゆっくりと歩くことから生まれます。
これが、ジョギングをしていたのでは、垣根の草に目がいきません。マラソンだと、も

っとだめです。

やはり、ぶらりぶらりの散歩でないとだめですね。のんびりと歩いていると、いろんなものに目がとまります。野の草、空の鳥、都会の喧《けん》噪《そう》も、あれはあれでまた乙なものです。心の余裕が心象風景を変えてくれるのです。

いつかの正月、妻と散歩に出掛けて、日溜りに寝ている猫に悪戯《いたずら》をしてやりました。猫の前に立つと、わたしの影で猫に太陽が当たりません。猫がいつ動くかと、わたしはじっと立ち続けたのです。でも、なかなか猫は動かない。わたしも意地になって、立ち続けました。たぶん十五、六分もして、猫は動きました。

——日照権　猫と争い　吾勝てり——

そのときの川柳です。もっとも、妻には「おめでたい人ね」と笑われましたが……。

変な話になりました。人生を歩くのも、わたしたちはゆっくりと歩いたほうがよさそうです。ゆっくりと歩くことによって、いろんなものが見えてきます。いろんなものを味わうことができるのです。

昔、といってもわたしの三十代のころですから、いまから三、四十年前の話です。風邪をひいて医者に行き、「薬をください」と言ったら、医者に叱られました。「風邪ぐらいの病気で薬を服《の》む奴は馬鹿だ。寝ていれば治る」と。わたしはその医者は名医だと思いましたが、世間の人は逆です。その医院は流行《はや》らなくなり、老医師を引退させて息子が医院を経営しました。そして馬に服ませるほどの薬を出し、医院の評判がよくなったのです。

考えてみたら老医師は、急がずに、病気とゆっくり付き合う生き方を教えてくれたのですね。

わたしたちは、病気を毛嫌いします。まるで雑草のように思うのですね。でも、病気になれば、その人は病人として生きるよりほかありません。風邪ぐらいの病気でも、二、三日か四、五日は、病人として生きるよりほかない。それをゆっくり病人として生きればいいのに、あわてて薬を服んで治そうとします。「よくみれば薺花さく垣ねかな」で、きっと病気にもいろいろおもしろいものがありますよ。

ちょっと待ってください。講演会などで、わたしは途中でコメントを入れます。

「皆さん、ひろさちやは饂飩《うどん》屋の釜です。その心は湯（言う）ばかりです」

聴衆は笑ってくれますが、これは本当です。言うことは言いますし、書くことは書きますが、それを実践しているかどうかは保証の限りではありません。〈わたし自身も、ここに書いているように実践できるといいな……〉と思いながら書いているのです。

うつ病になったカメラマンがいました。彼は精神科医の治療をうけてうつ病を治したのですが、病気が治ったとたんに彼の撮った写真が売れなくなったそうです。病気がきっと彼にすばらしいものを見せてくれ、そのすばらしいものを彼はフィルムに写していたのに、病気が治って普通の人になれば、普通の写真しか撮れなくなったのでしょうね。

だから、風邪ぐらいの病気は、薬なんか服まずにゆっくりと治したほうがよいのでしょう。そんな訓練をしていれば、いつかがんになったときも、がん患者のままゆっくりと生きる生き方ができると思います。

でも現代人は忙しいもので、風邪で四、五日も休んでいられないでしょう。それぞれの人には、それぞれののっぴきならぬ事情があるから、こうしたほうがいいですよとアドヴァイスをしても、すぐさまそれが実践できるとはかぎりません。でも、こういう考え方があることだけは知っておいてください。知っていれば、そのうち、いつかチャンスがあれば、実行に移せることもあるかと思います。これも、あまり焦ってはいけません。のんびりでいいのです。

ともかく、現代日本人は忙しく働いているうちに、人生においてのすばらしいものを見忘れてしまいました。いや、逆かもしれません。現代日本人は、人生において何がすばらしいものかを忘れるために、あくせく忙しく働いているのかもしれません。非常に残念なことです。

22　重荷を持たず、急がずに歩こう

もう一つ、芭蕉の句を紹介します。

《草いろ〳〵おの〳〵花の手柄《てがら》かな》

季語は〝草の花〟で秋。秋の庭、山野にはさまざまな花が咲き乱れています。菊や桔《き》梗《きよう》、萩《はぎ》といった著名な草もありますが、名も知らぬ雑草もそれぞれの花を咲かせています。大きな花もあれば小さな花もあります。そのいろいろと違っているところがすばらしいのですね。

《名はしらず草ごとに花あはれなり》

こちらのほうは、蕉門十哲の一人である杉山杉風《すぎやまさんぷう》の句です。

そういえば、大正時代の童謡詩人の金子みすゞ（一九〇三―三〇）が、「私と小鳥と鈴

と」といった詩をつくっています。

《私が両手をひろげても、
お空はちつとも飛べないが、
飛べる小鳥は私のやうに、
地面《ぢべた》を速《はや》くは走れない。

私がからだをゆすつても、
きれいな音は出ないけど、
あの鳴る鈴は私のやうに
たくさんな唄は知らないよ。

鈴と、小鳥と、それから私、
みんなちがつて、みんないい。》

すばらしい詩です。「みんなちがつて、みんないい」のですね。大きな花は大きな花で、小さな花は小さな花でいいのです。優等生は優等生で、劣等生は劣等生でいい。努力家は努力家でいいし、怠け者は怠け者でいいのです。劣等生や怠け者が卑屈になる必要はありません。

しかし、世間の物差しだと、そうはならない。仏の物差しで見たとき、はじめて「みんなちがつて、みんないい」になるのです。芭蕉も杉風も金子みすゞも、仏の物差しで世界を見ているのです。

それと、繰り返しになりますが、われわれがゆったりと歩かないと、世界はこんなふうには見えません。走っていると、道路をゆっくり歩いている人が邪魔者に見えてしまいます。

急いではいけません。人生を急いで生きる必要がありますか？　急いで生きて、どこへ行こうとするのです?!　病気になれば、病気をじっくり味わって生きればいい。左遷になったり、窓際族になったりすれば、それをじっくり味わうのです。

人生を味わいつつ生きる。それこそがすばらしい生き方だと思いますよ。

＊

よく知られた仏教の言葉に、

——中道——

があります。この語は、たとえば〝中道政党〟といった形で日常語にもなっていますが、日常語と仏教語では根本的に意味が違っています。

わたしは、この〝中道〟を、

——いい加減——

とパラフレーズ（敷衍《ふえん》）したいのですが、この場合も日常語としての〝いい加減〟であれば、まあ適当に手を抜いてやっておくことですね。つまり、日常語としての〝中道・いい加減〟は二つの極端を離れた真ん中を意味します。だが、仏教語としての〝中道・いい加減〟は、両極端を離れることはもちろんですが、同時に真ん中にもこだわってはいけない。いかなるものにも執着しないことが中道であり、いい加減なんです。

分かりにくいですか……？　ここのところは、例の物差しで説明すればいいでしょう。

日常語の〝中道・いい加減〟は、目盛りがある世間の物差しで測った平均値になります。弥次《やじ》さん・喜多《きた》さんの二人が一緒に東海道を旅行することになりました。弥次さんは一日三十キロのペースで歩きたいと主張し、喜多さんは一日十キロがいいと言います。そこで一日二十キロのペースにしようというのが解決策になります。これが日常語の〝中道・いい加減〟です。

仏教語の〝中道・いい加減〟は、目盛りのない仏の物差しで測ったものです。だから数値になんかできません。二人で語り合って、別段急ぐ旅ではないのだから……と意見が一致したところで、のんびり、ゆっくりと旅に出ます。場合によっては二、三日、どこかの温泉に逗留《とうりゅう》してもいい。それが仏教でいう〝中道・いい加減〟です。

人生の旅は、別段急ぐ必要はありませんね。ならば「いい加減」をモットーにしましょうよ。もちろん、仏教が教える「いい加減」です。ゆったりと、のんびり旅しましょう。

それから重荷を持たないこと。この点では、徳川家康（一五四二—一六一六）が、

《人の一生は重荷を負《お》て遠き道をゆくがごとし。いそぐべからず》（『東照公遺訓』）

と言っています。だめですねえ。せっかく「いそぐべからず」といいことを言っておき

ながら、重荷を背負った人生にしてしまってはいけません。
重荷って、いったい何なんですか？　たぶん目的意識でしょう。あるいは生き甲斐。家康の場合は、天下統一という目的意識を持ってしまった。だから重荷を背負ったのです。

まあ、彼は急がなかった。

啼《な》かぬなら殺してしまえ時鳥《ほととぎす》……信長
啼かぬなら啼かせてみせよう時鳥……秀吉
啼かぬなら啼くまで待とう時鳥……家康

織田信長（一五三四—八二）、豊臣秀吉（一五三七—九八）、そして家康という戦国時代の三武将にかこつけてつくられた歌です。三人の性格がよく出ています。家康は急がず、じっと待っていた。だから、信長が搗《つ》いて、秀吉がこねた天下餅を、家康が食べることができた。そう言われています。

それでも、まちがいなく家康は重荷を背負って人生を生きたのです。しんどかったと思います。

まあ、昔の人は放っておきましょう。われわれとしては、重荷を背負わず、ゆったりと、のんびりと人生を生きようではありませんか。そうすれば、この人生において、もっとすばらしいもの、もっと美しいものが見えてくると思います。

23　仕事に全力投球をしてはいけない

あなたが現在勤めている会社を罷めようかどうか迷ったとき、そして「どちらでもいい」と思ったとき、サイコロを振って進路を決めなさい。そんなアドヴァイスを前にしました。たしかにそれはいい方法です。どうせ未来は分からないのだから、迷ったときは仏なり神なりに決めていただいたほうがよいのです。

でも、じつは、罷めるか、罷めないかではなく、もう一つ別な方法があります。それは「世逃げ」の方法で、わたしはこちらのほうをおすすめします。

具体的にどうするのか？

会社に残り、重荷を全部捨ててしまうのです。重荷というのは世間の物差しでしたね。そんな世間の物差しを横に置いて、仏の物差しを持つのです。

ある大企業の重役が、退職後にこんな話をされました。

「ひろさん、わたしは四十年以上を大企業に勤めましたが、そのあいだずっと六十パーセントぐらいの力を出して仕事をしました。百パーセント、会社のために尽くしたことはありません」

「それはよかったですね。それが仏教で言う中道の精神だと思いますよ。わたしは、その中道の精神を〝いい加減〟と訳しています。六十パーセントぐらいがいい加減ですよね」

その人が〝六十パーセント〟と言われたので、いちおう六十パーセントに賛成しました。でも、七十パーセントでもいいのですよ。わたしの個人的偏見でいえば、五十五パーセントです。ともかくそれぞれのいい加減がありますから、数字にはこだわらないでください。

われわれは「世逃げ」をしたのです。「世逃げ」をした上で会社にいます。だから会社に百パーセントの力や意識を懸けてはいけません。百パーセントを会社に懸けると、残りはゼロパーセント。それだと「世逃げ」になりませんよ。

それに、百パーセントを会社に懸けると、あなたは会社人間になります。会社の奴隷になってしまいます。

会社の奴隷になると、世間の物差しに縛られて、あくせく苦労し、じくじく悩まねばなりません。出世競争に血眼になり、同僚の出世を妬み、失敗を喜ぶ、品性下劣な人間になります。それが奴隷の特性ですね。考えてみれば現代日本のサラリーパーソンの九十六パーセントまではそういう奴隷根性になっているようです。ただし、九十六パーセントは当てずっぽうの数字です。それから、本書を読んでくださっているあなた、あなたは残りの四パーセントの人間です。九十六パーセントの人は、本書なんて読みませんからね。

でも、わたしがこのように言えば、きっと反論があります。それじゃあ「忠誠心」はどうなるんだ?! 会社から給料を貰っているのだから、会社に力を尽くすのは当然ではないか、と。

しかし、忠誠心というものは、殿様と家来の関係でしょう。主人と奴隷の関係です。会社と社員の関係はそんな関係ではありません。あくまでも「契約関係」です。

契約関係であれば、貰った給料分だけの働きをすればいいのです。もしもあなたが百パーセント全力を尽くして、家庭も家族も放棄して、へとへとになるまで働いて、それでやっと給料分だけの仕事ができるのであれば、ということはあなたの能力がそんなに低いのであれば、もう何も申しません。あなたは会社に飼われる家畜になりなさい。それしかあなたには生きる道はなさそうです。もっとも、その場合でも、あなたはホームレスになることもできます。あるいはあなたが家事をやって、奥さんに働いてもらいなさい。そういう「世逃げ」もできるんです。そのことをお忘れなく。

ロシアの寓話作家のクルイロフ（一七六九―一八四四）のつくった寓話に、こんな話があります。『クルイロフ寓話集』（内海周平訳、岩波文庫）から引用します。

《一匹の栗鼠《りす》がライオンに仕えていた。どんな働きぶりで、どんな仕事をしていたのかは知らないが、ともかく、その勤めぶりがライオンのお気に召したのである。しかし、ライオンのお気に入りになることは、もちろんなまやさしいことではない。その代償として、栗鼠には荷車一台分の胡桃《くるみ》が約束されていた。約束されてはいたが、その間に時はどんどん過ぎていく。そこで、栗鼠は腹をへらして、ライオンの前で泣きながら歯をむき出すこともたびたびあった》

ちょっと中断して、コメントを入れます。読者はこの栗鼠にご自分の名前を、ライオンにあなたが勤務する会社名を当てはめて読んでください。そういえばあなたも、

「こんな会社、罷めてやらあ――」

と、泣きながら歯をむき出したこともたびたびありましたね。

引用を続けます。

《見ると、森のあちこちで、木々の高みに友だちの姿が見え隠れする。栗鼠は目くばせするばかりだが、友だちは、そしらぬ顔でさかんに胡桃を嚙《か》み割《わ》っている。しかし、われらの栗鼠は、胡桃に一歩だけ近づいて眺めるが、どうにもならない。宮仕えに呼びもどされ、仕事に駆り立てられる。

そのうちに、栗鼠も寄る年波で、ライオンに飽きられてしまった。引退の時が来たのだ。栗鼠は御役御免になり、まちがいなく荷車一台分の胡桃が贈られた。胡桃はお目にかかったこともないみごとなものだった。いずれも粒よりの絶品だが、ただ一つだけまずいことがあった。それは、栗鼠の歯がとっくになくなっていたことである》

あーあ、泣かされますよね。あなたが忠誠心を持ったって、これぐらいが関の山です。

＊

おっと、どっこい、最近は企業がどしどし倒産する時代です。あなたが会社に忠誠を尽くしても、会社は粒よりの絶品の胡桃を荷車一台分出してくれますかね。倒産すれば退職金はゼロです。

それから、最近の企業は簡単にリストラします。ひどいと思いませんか。昔はいちおう終身雇用が約束されていました。そういう約束があれば、ある程度の忠誠を尽くしてもいいですが、簡単にリストラする企業にこちらが忠誠を尽くす必要はありません。リストラをするということは、企業のほうから「契約関係」なんだよと言っているのです。

また、終身雇用ぐらいで、殿様と家来の関係だと錯覚しないでください。江戸時代の武士は、自分が死んだあとも息子が跡を継いだのです。だから、家来は殿様に忠誠を誓います。現代の企業は、あなたの息子も必ずわが社に就職させると約束してくれません。だとすると、企業は、社員が忠誠を誓う対象ではないのです。

さらに、最近の企業は派遣社員を使います。ということは、社員はみんな派遣社員でいいわけです。派遣社員は出向先の企業に忠誠心を持ちません。持たなくていいのです。したがって、あなたも会社に忠誠心を持つ必要はありません。

だから……。

会社に全力投球する必要はありません。「いい加減」でいいのです。わたしに言わせれば五十五パーセントでいい。でも、人によったら八十パーセントでもいいのです。九十パーセントでもいい。まかりまちがっても、百パーセントを投入しないこと。百パーセント投入すれば、あなたは奴隷になってしまいます。いや、人間ですらなくなります。職場のロボットになってしまいます。

24　まちがいをしでかすのが人間である

鎌倉中期につくられた仏教説話集に『沙石集《しゃせきしゅう》』があります。著者は無住道暁《むじゅうどうぎょう》（一二二六―一三一二）です。

『沙石集』から一話を紹介しようと思って本をめくっていたら、おもしろい話が見つかりました。本書の展開には関係がなく、しかも仏教にも関係のない話ですが、脱線して紹介しておきます。原文ではなしに現代語訳です。

――奈良に虫歯を抜く唐人（中国人）がいた。在家の人で、慳貪《けんどん》（けち）で計算高く、商売気ばかりのある男、かといって人徳もある男が、虫歯を抜いてもらうため唐人の所に行った。虫歯を抜く料金は銭《ぜに》二文と定められていたが、「一文にしてくれ」と男は言う。唐人にすれば無料にしてもいいのだが、その言い方が気に入らぬので、「一文では抜かない」と言った。「それなら三文で歯を二本抜いてくれ」と言って、虫歯でない健歯までも抜かせた。男は得したように思っているが、虫歯になっていない歯を失ったのだから、大損である。(巻八の二三)

笑い話ですよね。じつはわたしは、いま歯医者に行って一本歯を抜いてもらったばかりです。それでこの話を紹介したくなりました。読者にはご迷惑ですね。お詫びします。

本当に紹介したいのは次の話です。これも現代語訳で紹介します。

——常州(常陸国《ひたちのくに》。現在の茨城県)のある山寺に遁世している上人がいた。大勢の修行僧の集まりがあったとき、一人の僧が、「わたしは生まれて以来これまで、一度も腹を立てたことがない」と言った。かの上人は学問のある僧であったから、仏法の道理からしてその言葉を信じなかった。「凡夫には貪《とん》(むさぼり)・瞋《じん》(いかり)・癡《ち》(おろかさ)の三毒(三大煩悩)がある。悟りを開いた聖者であれば論外であるが、凡夫であれば、腹を立てない人がいるはずがない。まあ、多いか少ないかは別にして、三毒のない者がいるはずがない」と言ったが、例の修行僧は、「わたしはまったく腹を立てたことがない」と断言したので、「本当だとは思えない。貴僧は嘘をついているのでしょう」と言ったので、その修行僧は、「腹を立てぬと言えば、腹を立てたことはないのだ。どうしてそのように言われるのか」と、顔をまっかにして、声を荒らげて怒った。(巻八の八)

「俺は腹を立てたことがないんだ。それなのに、おまえは俺を疑っているのか?!」と言って腹を立てているのですから、おもしろいですね。そういえば、フランスのかのナポレオン(一七六九―一八二一)は、部下から、

「陛下はお世辞やお追従がお嫌いですね」

と言われて喜んだそうです。その言葉そのものがお世辞でありお追従であることに、本人は気づいていないのですから、お笑いです。

ともあれ、常州のお上人が言っているのは、人間はみんな凡夫なんだ、煩悩を持った存在なんだ、ということです。ごくあたりまえのことですね。

そのことは、聖徳太子(五七四―六二二)が『十七条憲法』の中で指摘しています。

《我《われ》必《かなら》ず聖《さか》しきに非《あら》ず。彼《かれ》必《かなら》ず愚《おろか》に非《あら》ず。共に是《これ》凡夫《ただひと》ならくのみ》

自分が聖者なのではない。他人が愚者なのではない。みんな凡夫なんだ。そう言うのです。凡夫は仏教語だと〝ぼんぷ〟と読みますが、ここでは〝ただひと〟とルビがついてい

ます。夏目漱石が言っていた、

≪人の世を作つたものは神でもなければ鬼でもない。矢張《やは》り向ふ三軒両隣《さんげんりやうどな》りにちら〳〵する唯《ただ》の人である≫（二五ページ参照）

の、「唯の人」ですね。わたしたちにとって、この認識が大事です。

つまり、人間は不完全な存在です。完全な人間なんていやしない。みんなまちがいばかりやっています。失敗ばかりしています。

でも、それでいいんです。

「俺は人間なんだよ。神様、ほとけ様ではないんだ。だから、まちがいばかりしている。失敗ばかりしている。すまんな。許しておくれ」

そう言っていりゃあいい。そして、他人に向かって、

「おまえだって人間じゃないか。だから、失敗するのはあたりまえだ。まちがいをやらかしたところで、くよくよしなさんな。人間は人間らしく、まちがいをやらかしながら生きていきゃあいいんだよ」

そう言ってあげましょう。それこそが、「いい加減」精神なんです。

そして、あなたがそのように思い、そのように言ってあげることができれば、あなたの「世逃げ」はほんの少しだけ進んだのです。おめでとうございます。

*

じつは、キリスト教にしろ、ユダヤ教、イスラム教の世界では、こんなことはわざわざ指摘しないでいいことなんです。一神教の神は、超越神であり絶対神です。神は完全なる存在であって、神ならぬ人間は不完全な存在です。だから、人間が不完全なる存在であることは言わずと知れたことなんです。

しかし、日本人は違います。そういう一神教の論理に慣れていません。それでわたしはこう書かざるを得なかったわけです。

25　日本の神様はまちがいをなさる

やはり日本の神様にも触れておきましょう。日本の神様は嫉妬深いから、これを無視したりすると思わぬ祟《たた》りを受けそうです。

と、書いてしまいましたが、これは半分は正しく、半分はまちがいです。まちがっているのは、日本の神様はあんがい無視しておいたほうがいいかもしれません。無視したから、無視した人間に祟るなんてことはほとんどないのです。

――触らぬ神に祟りなし――

と言いますね。これが日本の神様の特色をよく言い当てています。触るから神様はその人間に注目し、そして無礼な行為があれば罰します。触らなければ、神様のほうでも無関心です。

前に幽霊とお化けの話をしました（第4章）。あなたがびくびくしているから、幽霊はあなたに関心を示すのです。もっとはっきり言えば、幽霊はあなたの心がつくりだしたものです。自分でつくっておいて、自分でその祟りを受けているのです。背後霊だとか守護霊だとか、そんなものにいっさい関心のない人に、霊が祟るわけがありません。除霊やお祓いなどをすると、霊が活躍を始めます。

佐賀藩士山本常朝《つねとも》（一六五九―一七二一）が口述した『葉隠』に、こんな話が書かれていました（「聞書第三」）。

不義密通の罪で男女が殺されました。すると、その後幽霊が出没します。人々は恐ろしがり、夜は外出もできなくなりました。それで、ご祈禱《きとう》や施餓鬼《せがき》などをしますが効果はありません。

そのことを藩主に報告しますと、藩主は次のように言いました。

《さて〳〵嬉しき事哉。彼者共は首を切り候ても事足らず、憎くき者共にて候。然る処、死に候ても行き処へは行かず、迷ひ廻り候て幽霊になり、苦を受け浮び申さずは嬉しき事なり。成る程久しく幽霊になりて居り候へ》

［いや、うれしいことだ。あいつらは首を切っただけでは許せぬほどの憎い奴らだ。それが、死んでも行く所へ行かれず、迷って幽霊になり、苦しんで浮かばれないのだから、これほどうれしいことはない。いつまでも幽霊でいてくれよ］

するとと、その夜から幽霊が出なくなりました。

幽霊のレーゾン・デートル（存在理由）は、人々に怯えてもらうことです。それが怯えてもらえず、ましてや「ザマアミロ！」と言われたのでは、存在理由がありません。早々に消え去るだけです。

神様の話が、幽霊にすり替わってしまいました。しかし、日本の神様にも多種多様があって、高天原《たかまがはら》においでになるアマテラスオオミカミのような高級な神もあるし、貧乏神のような低級な神もあります。また、いわゆる祟り神の系統もあります。この祟り神は幽霊と同じで、こちらが気にすると祟ってくるのです。その意味では、「触らぬ神に祟りなし」が当たっています。読者は気を付けてください。

しかし、わたしが「日本の神様は嫉妬深いから」と言った部分はまちがいではありません。あなたがある神様を持ち上げてちやほやしていると、他の神様がやっかんで、あなたに祟りをするかもしれません。そのとき、あなたが贔屓《ひいき》にして拝んでいた神様があなたを護ってくれるといいのですが、学校でもいじめっ子は先生の目を盗んでいじめますね。あれと同じで、あなたの贔屓する神の目を盗んで、あなたは別の神にいじめられます。したがって、贔屓の神をつくらぬほうがよろしい。その意味でも、「触らぬ神に祟りなし」です。

いっこうに話が進みません。まあ、ともかく、日本の神様は、それほど立派ではありません。嫉妬をしたり、悪戯《いたずら》をしたり、御神酒《おみき》に酔っ払ったり、いじめをしたり（オオクニヌシノミコトが兄弟神にいじめられました）、暴れまくったり（スサノオノミコトが高天原で乱行しました）、泣いたり、わめいたり、欠点だらけの神様ばかりです。一神教の神とは根本的に違っています。

それでいいのです。いや、それがいいのです。日本人の宗教の特色がそこにあります。日本人の宗教といえば神道ですが、神道の基本教義は、

——神様でもまちがいをするのだから、ましてや人間がまちがうのはあたりまえ——

というものです。だから、わたしたち人間は、お互いに他人を赦し合って生きねばなら

ない。神道はそう教えているのです。

＊

明治維新のとき、政府は欧米列強に伍《ご》するために、あわてて国家神道なるものをつくり、それを国民に押し付けました。国家神道は天皇を現人神《あらひとがみ》とし、その現人神は絶対にまちがいをしでかさない存在です。

あれはいただけませんね。日本の神道は一神教ではありません。まちがいをしない神様なんて、神道にはあるはずがないのです。したがって、国家神道なんてものはニセモノ宗教ですよ。そのニセモノ宗教を国家権力によって強制的に押し付けられたものだから、日本人は宗教嫌いになりました。そうなって当然だと、わたしは思いますね。

26　道徳を説くお坊さんは宗教者失格

　国家神道はニセモノ宗教でした。それが証拠に昭和天皇は、敗戦の翌年の一九四六年一月一日に、俗に「人間宣言」と呼ばれる詔書《しょうしょ》を発して、みずからの神格を否定されました。

《……朕と爾等国民との間の紐帯《じゅうたい》は、終始相互の信頼と敬愛とに依《よ》りて結ばれ、単なる神話と伝説とに依りて生ぜるものに非《あら》ず。天皇を以て現御神《あきつみかみ》とし、且《かつ》日本国民を以て他の民族に優越せる民族にして、延《ひい》て世界を支配すべき運命を有すとの架空なる観念に基くものにも非ず。……》

　〝現御神〟は、「人間の姿を備えた神」といった意味で、〝現人神《あらひとがみ》〟ともいいます。昭和天皇みずからが、天皇を現御神・現人神とした戦前の国家神道は「神話と伝説」によって創

作されたインチキ宗教でしかなかったことを宣言されたのです。そして、天皇が、

「俺は神じゃないぞ。人間だぞ」

と言われました。現在の日本の天皇制は、この「人間宣言」に立脚したものです。

だから、国家神道はニセモノ宗教であり、インチキ宗教です。

しかし、ニセモノ宗教・インチキ宗教は、国家神道ばかりではありません。現代日本の仏教だって、怪しいものです。多くのお坊さんが（全部ではありませんよ）、葬儀社の仕事をしておられます。

ある母親が、中学生の息子が不登校になったので、菩提寺《ぼだいじ》の和尚さんに相談に行きました。すると和尚さんは、「わしはナマモノは扱わんのじゃ。死体になったら持っておいで」と言いました。

巷間ではこういうジョークが語られています。日本仏教は「葬式仏教」なんですね。

いま、ちょっと〝菩提寺〟を辞書で引いてみました。

《菩提寺……一家が代々帰依して葬式・追善供養などを営む寺。菩提所。檀那寺。香華院》（『広辞苑』）

《菩提寺……先祖代々の墓をおき、葬式や法事を行う寺。檀那寺》（『大辞林』）

こんなふうに定義されていて、お坊さんの誰も文句を言わないのだから、あきれたものです。もっとも、文句を言ったところで、実際がその通りなのだから、相手にしてもらえませんよね。

もちろん、お坊さんのうちには教えを説く人がおいでになります。ところが、そこで説かれる教えのほとんどが道徳なんです。仏教の教えじゃありません。わたしは、お坊さんがそんな道徳を説くぐらいであれば、まだお葬式だけをやっていてくださったほうがいいと思います。

なぜかといえば、道徳というものは、時代と場所によって違ってきます。戦争中は、敵兵を一人でも多く殺せる暴力的な人間が立派な人であり褒められる人です。しかし平和な時代には、暴力は否定されます。

場所が違えば道徳も違うことは、説明不要でしょう。これはジョークですが、早坂隆著『世界の日本人ジョーク集』（中公新書ラクレ）に、「浮気現場にて」と題して、次のジョークが出ていました。

≪会社からいつもより少し早めに帰宅すると、裸の妻が見知らぬ男とベッドの上で抱き合っていた。こんな場合、各国の人々はいったいどうするだろうか？

アメリカ人は、男を射殺した。

ドイツ人は、男にしかるべき法的措置をとらせてもらうと言った。

フランス人は、自分も服を脱ぎ始めた。

日本人？　彼は、正式に紹介されるまで名刺を手にして待っていた≫

さあ、あなたは、このような場合、いったいどのような道徳を教えますか……？

道徳が時代と場所によって異なるということは、結局は道徳は世間の物差しに立脚しているからなんです。

しかし宗教は、仏の物差し・神の物差しに立脚しています。それは目盛りのない物差しです。

世間の物差しは、優等生vs.劣等生、強者vs.弱者、善人vs.悪人を差別します。そして前者を褒め、後者を貶《けな》します。宗教家が道徳を説くと、結局は弱い者いじめになります。弱い者をいじめるのが宗教者の仕事でしょうか?!

宗教者であれば、「道徳なんて、糞喰らえ！」と発言すべきです。でも、そんなことを言えば、この世の中は滅茶苦茶になる。やはりこの世の中を少しでも住みよい社会にせねばならぬ。それが宗教家の仕事なんだ。そう言われる宗教家がおられます。あれれ、わたしたちは「世逃げ」をしたのではなかったのですか……？『法華経』は、この世は火宅だと言っていましたね。消火活動をするのが仏教者の仕事ではなく、火宅から外に飛び出よ！「世逃げ」をするのが仏教だ、そう言っていたはずです。

ともあれ、世間の物差しで教えを説くのはインチキ宗教です。読者はそういうインチキ宗教に引っ掛かってはいけません。ホンモノ宗教は、仏の物差し・神の物差し――目盛りのない物差し――で教えを説きます。「何だっていいものは、何だっていい」。そう説いているのがホンモノ宗教です。そこをきっちりと見分けてください。

そして、インチキ宗教は嫌いでもいい。しかしホンモノ宗教は好きになってください。それがわたしからのお願いです。

27　リストラになって「ありがたい」

結局、「世逃げ」をするということは、世間の物差しのほかに仏の物差し・神の物差し——目盛りのない物差し——を持つことなんです。

世間の物差しは、これを捨てることはできません。「世逃げ」をしたって、われわれはこの世間に生きているのです。ロビンソン・クルーソーのように、無人島暮らしをするわけじゃない。隣の爺さん・婆さん、会社の同僚と付き合っていかねばなりません。だから、世間の物差しを捨てるわけにはいかないのです。

それを横に置いておいて、われわれはもう一つの物差しを持ちます。それが「世逃げ」です。

わたしの場合、そのもう一つの物差しは仏の物差しですから、それを中心に話をしてきました。
仏の物差しは、前にもお話ししたように、「何だっていいものは、何だっていい」です。仏がくださったものは、何だっていい。そう思えるようになったとき、あなたは仏教者です。そして、そう思えるようになるように自分を訓練するのが仏道修行です。繰り返し注意しておきますが、キリスト教徒であれば、神がくださったものは何だっていいと思えるようになるのが、真のキリスト教徒です。そして、もしもあなたが宗教アレルギーであれば、〝仏教者〟だとか、〝キリスト教徒〟の代わりに、ここに、

――自由人――

を代入してください。〈俺は世間の物差しに縛られた繫驢橛《けろけつ》の驢馬《ろば》（一二一ページ参照）じゃないんだ。俺は〝世逃げ〟をしたんだぞ〉と、心の中で呟くことができれば、あなたは立派な自由人です。

さあ、その仏教者への道（真のキリスト教徒への道・自由人への道）を、どのように歩めばいいのでしょうか？

まず、あなたは、いつ、いかなる状況になっても、

〈ありがたいなあ……〉

と思うことです。ただし、まちがえないでくださいよ。「ありがたい」というのは人間や世間に対する感謝の言葉ではありません。〝ありがたし〟は〝有難し〟であって、その意味は、

《有ることを欲しても、なかなか困難で実際には少ない、無いの意。稀なことを喜び尊ぶ気持から、今日の「ありがたい」という感謝の意に移る》(『岩波・古語辞典』)

です。「こんなことは滅多にない」というのが〝ありがたい〟の本来の意味です。

また、『日本国語大辞典』(小学館)には、次のような「補注」があります。

《「国語学叢録＝新村出」には、「室町時代頃は感謝の意には、『かたじけない』のほうが使われ、『ありがたい』は法悦の意の感激のほうに用いられた。元禄以後、法華経から出た語とされ、宗教的内容を含む『ありがたい』が謝意を表わす語として発展し、固定し、特殊化して、前代の『かたじけない』に取って代わった」とあり、また、柳田国男の「罪の文化と恥の文化・毎日の言葉」には、「本来は神をたたえる語であったが、のち神の恩《おん》寵《ちょう》に対し口にしたのが、御礼の言葉になった」とある》

お分かりのように、〝ありがたい〟は宗教的な言葉でした。だから、神仏に感激（法悦）を表明する言葉です。感謝ではなしに感激です。

かりにあなたががんになったとします。あるいは会社をリストラされた。そんなの、うれしいわけがありません。喜べるはずがない。神仏に対して「ありがとう」を言いなさいと言われても、言えっこありません。

お坊さんが信者から、「うちのおじいちゃんは毎日『般若心経』をお唱えしていたのに、このあいだ交通事故で大怪我をしました。『般若心経』の功徳はないのですか？」と質問されたら、「いや、功徳はあった！ 功徳があったからこそ、大怪我ですんだ。そうでなければ死んでいるところであった」と答えるのだそうです。

「では、〝死んでしまった〟と言われたら、どう答えるのですか？」と質問すると、それを教えてくれた高僧は、「そのときは、即死か否かを質問します。そして、しばらく生きていたと言われたら、〝それみろ、即死のところを、しばらくでも生かしていただいたのだ〟と教えるのです。逆に即死の場合は、〝苦しみながら死なねばならぬところを、ころっと即死させてもらえたのだ〟と教えてやります」という返事。なるほど、うまい手がありますね。

しかし、これは世間の物差しで測った「ありがたさ」です。わたしが言う〈ありがたいなあ……〉は、それとは違います。仏の物差しによるのです。仏の物差しは目盛りがありません。したがって、いいことか、悪いことか分からない。世間の物差しだと、がんやリストラは悪いことです。でも、仏の物差しだと、いいことか、悪いことか分からないのです。ただ「ありがたい」ことになります。つまり、判断放棄です。

〝不思議〟といった言葉は、仏教語の〝不可思議《ふかしぎ》〟を省略したもので、意味は文字通りに「思議できない」です。われわれ人間の知恵でもっては、とても思いめぐらすことのできないものが「不可思議」であり「不思議」です。

そして詩人の北原白秋（一八八五—一九四二）は、

《薔薇《バラ》ノ木ニ

薔薇ノ花サク。

ナニゴトノ不思議《フシギ》ナケレド。》

と詩に詠んでいます。白秋は「ナニゴトノ不思議ナケレド」と表現していますが、じつはそれこそが不思議なんです。

現代科学は、林檎《りんご》の樹に蜜柑《みかん》の実をつけさせることをやってのけますが（これはまだ無理かな？）、そのような不思議は世間の物差しで見た不思議です。仏の物差しで見たとき、薔薇の木に薔薇の花が咲くことが不思議なんです。「よくみれば薺花さく垣ねかな」です。だから、〈ありがたいなあ……〉は、〈不思議だなあ……〉であってもいいのです。仏の物差しでもって、がんやリストラをあるがままに受け取らせてもらえばいい。そして、その現実をしっかりと生きるようにします。

落ちこぼれになったって、負け組になったたって、そりゃあ世間の物差しで測ればお気の毒ということになります。でも、仏の物差しで測れば、〈ありがたいなあ……〉〈不思議だなあ……〉となります。なれるはずです。そして、落ちこぼれの自分を、負け組の自分をしっかりと、楽しみながら生きるんです。

うつになっても、無理に治そうとしないほうがよいと思います。そのまんま生きればいいのです。そりゃあ、つらいですよ。でも、つらい人生が価値が低いなんて、誰が決めたのです?! 仏の物差しで測れば、何だっていいのです。何だって最高です。いや、最高にすべきです。

わたしは音痴です。だから、カラオケなんて大嫌いでした。でも、あるとき、ほとけ様がわたしを音痴にしてくださったのだから、〈ありがたいなあ……〉と思いました。それで、音痴であることはわたしの個性なんだ。音痴は音痴らしく歌えばいい。なにもわたしが苦しむ必要はない。音痴の歌を聞かされる周りの人間が困ればいいんだ。そう気づいたのです。

そうすると、カラオケが苦痛でなくなりました。

怠け者の人は、その怠け者であることが個性なんです。嫉妬深い人は嫉妬深いのが個性です。うつの人はうつが個性。がんになれば、がんが個性。みんな、それぞれの個性を大事にしましょうよ。「草いろ〳〵おの〳〵花の手柄かな」です。みんながみんな、大輪の花を咲かせる必要はありません。

あとがき

本書はわたしの二冊目の集英社新書です。

二〇〇七年一月に刊行された、わたしの『「狂い」のすすめ』は思いのほかよく売れました。ちょっとしたベストセラーになったようです。

日本の現代社会は狂っています。人々は「金・かね・カネ」と拝金主義に狂っており、競争に明け暮れ、その競争の結果、多くの負け組が出来ても、政治家はその負け組に手を差し伸べることなく、「自己責任」だなんてほざいています。いじめ・自殺・リストラによる失業・引きこもりの増加・うつ病患者の増加、どれをどう見ても日本は狂っています。

その狂った世の中で、まともに生きていると、こちらのほうが狂ってしまいますよ。だから、狂った世の中では、こちらが狂う以外にまともに生きられません。そういう呟《つぶや》きを綴ったものが『「狂い」のすすめ』でした。

じつはわたしは、そのことを言い続けてきたのです。これまで五百冊以上の本を書いて、口の悪い友人が、「あなたの本は金太郎飴だ」――つまり、どこで切っても同じ金太郎の顔が出てきます――と言うぐらい、「日本は狂っている」と主張し続けてきました。だが、前著の『「狂い」のすすめ』が予想外に売れたということは、あんがいに日本の庶民が日本社会の狂いを肌で感じ始めたのかもしれません。従前は、わたしの発言は、世の中の三歩ぐらい先を言い当てていた。ところが世の中の狂いが進んで、わたしの発言が世の中の半歩先ぐらいになった。そんな感じがしました。わたしの本が売れることは、わたしにとってはうれしいことですが、その狂った日本に生きねばならぬわれわれ庶民にとって、これは悲しむべきことではないでしょうか……。

＊

ところで、小さな鯉を洗面器の水の中に入れて、じわじわと水温を高めます。そうすると、もう耐えきれない温度になっても、鯉はじっと我慢をしているそうです。何度の湯か知りませんが、たとえば六十度の湯にいきなり鯉を放り込むと、鯉はすぐさま洗面器から跳び出るとします。でも、じわじわ温度を六十度に上げて行くと、鯉は我慢を続けるのです。

そして、やがて死んでしまいます。

われわれも同じですね。いきなりこんな狂った日本の社会に放り込まれたら、われわれはびっくりして跳び出るはずです。でも、じわじわ、じわじわと狂ってきたもので、わたしたちはじっと我慢をし続けているのではないでしょうか。そう考えたとき、わたしは、

——世逃げ——

という言葉を思いつきました。そうだ、こんな狂った世の中から跳び出さねばならない。「世逃げ」をせねばならない。そうじゃないと、われわれは狂った世の中で狂い死にしてしまうぞ。そう思って、わたしは、『「狂い」のすすめ』の続篇ともいうべき『「世逃げ」のすすめ』を書き始めたのです。

＊

仏教は、ご存じのように、「出世間の教え」です。煩悩にまみれた俗世間を厭い離れることが、仏教の基本的スタンス（姿勢）です。だとすれば、

——「世逃げ」をしなさい——

は、仏教のお坊さんが言わねばならぬ言葉です。お坊さんがあまりにも怠慢なもので、代わってわたしが言わせていただきました。

＊

本書は、前著と同じく、集英社の池田千春さんとの打合せのもとでスタートしました。途中で池田さんが文芸誌「すばる」の編集長に転属されましたが、ともかく池田さんとの約束によって書き上げました。池田さんにお礼を申し上げます。

合掌

二〇〇八年二月

ひろ　さちや

ひろ さちや

一九三六年大阪府生まれ。東京大学文学部印度哲学科卒、同大学院博士課程を修了。気象大学校で二〇年間教壇に立つ。仏教を中心に宗教をわかりやすく説き、著作は『「狂い」のすすめ』、『お念仏とは何か』、『はじめてのお釈迦さまのお話』、『はじめての仏教―その成立と発展』、『ゆうゆう人生論』など五〇〇冊以上になる。

「世逃《よに》げ」のすすめ

二〇〇八年三月一九日 第一刷発行

集英社新書〇四三五C

著者……ひろ さちや

発行者……大谷和之

発行所……株式会社集英社

東京都千代田区一ツ橋二-五-一〇 郵便番号一〇一-八〇五〇

電話 〇三-三二三〇-六三九一(編集部)
〇三-三二三〇-六三九三(販売部)
〇三-三二三〇-六〇八〇(読者係)

装幀……原 研哉

印刷所……大日本印刷株式会社 凸版印刷株式会社

製本所……加藤製本株式会社

定価はカバーに表示してあります。

ISBN 978-4-08-720435-3 C0215

a pilot of wisdom

科学——G

- 博物学の巨人 アンリ・ファーブル　奥本大三郎
- 物理学の世紀　佐藤文隆
- 星と生き物たちの宇宙　平林久／黒谷明美
- 帝国ホテル・ライト館の謎　山口由美
- 蘭への招待　塚谷裕一
- 臨機応答・変問自在　森博嗣
- 農から環境を考える　原剛
- 匂いのエロティシズム　鈴木隆
- 生き物をめぐる4つの「なぜ」　長谷川眞理子
- 物理学と神　池内了
- 南極海 極限の海から　永延幹男
- 全地球凍結　川上紳一
- カラス なぜ遊ぶ　杉田昭栄
- 「水」の安心生活術　中臣昌広
- ゲノムが語る生命　中村桂子
- いのちを守るドングリの森　宮脇昭
- 安全と安心の科学　村上陽一郎
- 松井教授の東大駒場講義録　松井孝典
- 論争する宇宙　吉井譲
- 郵便と糸電話でわかるインターネットのしくみ　岡嶋裕史
- 深層水「湧昇《ゆうしょう》」、海を耕す！　長沼毅
- 時間はどこで生まれるのか　橋元淳一郎
- スーパーコンピューターを20万円で創る　伊藤智義
- 脳と性と能力　C・ヴィダル／D・ブノワ＝ブロウエズ
- 非線形科学　蔵本由紀
- 欲望する脳　茂木健一郎